DE L'ORIGINE ET DE LA FORMATION

DES DIFFÉRENS

SYSTÈMES D'ÉCRITURES

ORIENTALES ET OCCIDENTALES,

PAR

M. G. PAUTHIER.

(Article extrait de l'Encyclopédie nouvelle.)

AOUT 1858.

PARIS. — IMPRIMERIE DE BOURGOGNE ET MARTINET,
rue Jacob, 30.

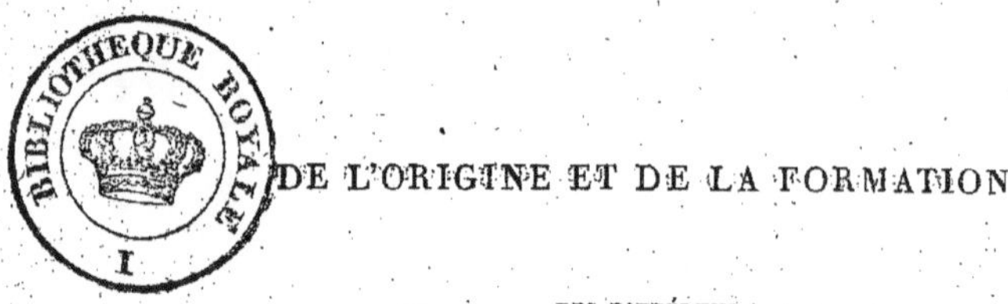

DE L'ORIGINE ET DE LA FORMATION

DES DIFFÉRENS

SYSTÈMES D'ÉCRITURES

ORIENTALES ET OCCIDENTALES.

AVERTISSEMENT.

Exposer l'origine et la formation des principaux systèmes d'écritures qui se sont produits chez les différens peuples dès la plus haute antiquité connue, ce serait exposer en quelque sorte l'origine et le développement de la civilisation en tant qu'elle s'est produite dans la manifestation matérielle de la pensée humaine. Ce sujet, considéré dans toute son étendue, exigerait beaucoup plus de développemens que nous n'avons pu lui en donner dans l'*Article* qui suit, composé pour l'*Encyclopédie nouvelle*. Cependant, malgré les bornes dans lesquelles nous nous sommes efforcé de nous circonscrire*, nous croyons avoir exposé d'une manière, sinon complète, du moins exacte et précise, l'origine et la formation des écritures figuratives égyptienne et chinoise, les plus anciennes et les plus extraordinaires du monde ancien et moderne. En présentant comme nous la concevons, et comme une étude persévérante de la langue chinoise encore vivante nous autorise à la concevoir, la synthèse de la formation et du développement similaires des écritures figuratives égyptienne et chinoise, nous croyons avoir donné une démonstration irréfragable et décisive du véritable système de l'*écriture hiéroglyphique* expliquée par Champollion avec le seul secours de ses études persévérantes et de son génie, auquel la connaissance de la langue chinoise aurait épargné bien des tâtonnemens et des incertitudes.

Il se passa bien des siècles depuis le jour où l'homme apparut sur le globe qu'il habite jusqu'à celui où, réuni en société, il découvrit le moyen de donner une forme déterminée à sa pensée, en la faisant passer pour

---

* Nous avons été obligé de retrancher de cet article certains développemens importans pour la démonstration complète de la *formation* et du *développement similaire* des écritures égyptienne et chinoise, entre autres le tableau des radicaux de l'écriture chinoise avec les formes anciennes de l'âge purement figuratif, ainsi qu'une traduction complète des définitions que le célèbre lexicographe *Hiu-chin* a données de ces mêmes radicaux.

ainsi dire dans le domaine du monde matériel. Les premières tentatives qui furent faites pour établir un lien de communication entre le monde des formes et celui des idées, durent nécessairement participer de l'imperfection de l'intelligence elle-même de l'homme qui ne pouvait arriver à son complet développement que par le développement progressif de ce grand instrument de civilisation. On a souvent dit et répété que le langage et l'écriture n'étaient pas des produits humains, mais des révélations divines. Si l'on a voulu dire que la faculté que l'homme possède d'exprimer sa pensée par des articulations nombreuses et soumises à des lois variées, de la communiquer au moyen de certains signes convenus, est une faculté qu'il tient de Dieu comme ses autres facultés, on a eu raison; mais si, au contraire, on a voulu dire que le langage et l'écriture étaient directement révélés de Dieu à l'homme essentiellement incapable d'arriver par lui-même à se créer un langage quelconque et des signes de communication, on est tombé, selon nous, dans une erreur grossière, parce que les langues humaines et les signes destinés à les représenter aux yeux, sont trop imparfaits, malgré les perfectionnemens que les générations successives leur ont apportés, pour être l'œuvre de Dieu.

§ 1. Origine de l'écriture.

L'histoire, d'ailleurs, donne à notre opinion toute l'autorité d'un fait. Les écrivains chinois les plus anciens assurent que, avant l'invention des *trigrammes* de Fou-hi (5 000 ans avant notre ère), on se servait de cordelettes nouées pour marquer les événemens dont on voulait garder le souvenir. Le plus célèbre philosophe de la Chine, Khoung-tseu (Confucius), qui vivait dans le sixième siècle avant Jésus-Christ, le dit positivement dans son Appendix au *Y-king* de Fou-hi : « Les hommes de l'antiquité se servaient de nœuds de cordes pour donner des ordres. Ceux qui leur succédèrent y substituèrent des signes ou figures. » Il rapporte ainsi la découverte qu'en fit l'ancien empereur Fou-hi : « Pao-hi (c'est-à-dire Fou-hi, comme s'accordent » à le reconnaître tous les commentateurs chinois), pendant » qu'il gouvernait l'empire, ayant levé ses regards vers le » ciel, il en observa la forme; les ayant baissés vers la terre, » il en observa la figure, ainsi que celle des oiseaux et des » objets terrestres qui frappèrent sa vue, et il ébaucha en- » suite ses huit *koua ou images symboliques*. »

Un écrivain chinois, nommé Lieou-jou, auteur du *Wai-ki*, cité dans les *Annales*, rapporte ainsi le même fait : « La » vertu de Fou-hi unit le haut et le bas; le ciel y corres- » pondit en faisant voir à ce prince les vestiges des animaux; » la terre ne lui fut pas moins favorable, en lui faisant voir » le tableau figuratif du *Loung-ma* ou dragon-cheval, qui » sortit des eaux. Fou-hi leva les yeux en haut et il vit des » images dans le ciel; il les baissa, et en considérant les » objets qui s'offraient à lui, il vit des modèles sur la terre. » Il combina intérieurement les rapports que toutes ces » choses avaient entre elles, et il se mit à tracer les huit » *koua*. Ces figures servent à pénétrer l'esprit intelligent. » Il inventa l'écriture pour remplacer les nœuds de cordes » qui étaient alors en usage; il établit six règles pour for- » mer cette écriture, d'après lesquelles les caractères ou » signes graphiques devaient représenter les objets, 1° au » propre, 2° au figuré, 3° en les indiquant graphiquement, » 4° d'une manière combinée, 5° à l'inverse, 6° par la » forme et le son. »

D'autres écrivains chinois attribuent l'invention de l'écriture à Thsang-Hie, ministre de l'empereur Hoang-ti; mais il ne fit sans doute que de donner plus de développement à l'invention rudimentaire de Fou-hi.

Voilà l'origine historique de l'écriture chinoise. On sait aussi que les anciens habitans du Pérou et du Mexique se servaient également de cordelettes nouées pour conserver le souvenir des événemens, avant d'avoir inventé un système d'écriture ou de peinture idéographique dont on possède encore des monumens.

L'art de peindre la parole et de parler aux yeux, au moyen de signes convenus, a paru si merveilleux aux peuples de l'antiquité classique que la plupart en ont attribué l'invention à leurs dieux, ne croyant pas l'homme capable de le trouver par lui-même. C'est ainsi que l'écriture sanskrite (ou *parfaite*) qui est celle de la langue savante de l'Inde, est nommée *déva-nâgari*, écriture des dieux ou enseignée par les dieux.

Les Grecs attribuèrent l'invention de leur écriture alphabétique au Phénicien Cadmus; mais il est probable que ce Phénicien ne fit que la leur transmettre parce qu'elle était déjà connue dans beaucoup de contrées. En effet, Sanchoniaton, très ancien écrivain phénicien, dit : « Le fils de » *Misor* (on sait que *Misr*, au pluriel hébreu *Misraïm*, » est un ancien nom de l'Egypte), *Taut*, (que les Egyptiens » nommaient *Thôóth*, ou *Thôr*, *Hathôr*, les Alexandrins » *Thoûth* et les Grecs *Mercure*) inventa l'écriture des pre- » miers caractères (Sanch., Fragm., p. 22, édit. Orel.); et » il tira les portraits des dieux pour en former les carac- » tères sacrés des Egyptiens.» L'écriture alphabétique, c'est-à-dire représentant les sons, surnommée chez les Egyptiens hiératique, et l'écriture hiéroglyphique ou représentant les objets par des sculptures sacrées, sont désignées toutes deux dans ce passage de Sanchoniaton. Il paraît certain également, d'après les anciens écrivains grecs et romains, comme Platon, Diodore de Sicile, Cicéron, Pline et plusieurs autres, que l'invention de l'écriture alphabétique était attribuée à *Thôr*, *Hathôr* ou *Osiris*, que les Grecs nommaient *Hermès*, et que les uns prennent pour un prince égyptien, d'autres pour un dieu, ou prince déifié. Suivant le témoignage de plusieurs de ces écrivains, l'Egyptien, prince ou dieu, avait le premier distingué les voyelles des consonnes, les muettes des liquides, et il était parvenu à assujettir le langage, alors barbare, à des règles fixes; il détermina jusqu'à l'harmonie des mots et des phrases. Les Grecs qui, dans l'origine, donnèrent à cet inventeur les noms de *grammatéos* et d'*Hormès* (qui n'étaient que la traduction des noms égyptiens *Thôr*, *Hathôr* ou *Osiris* et *Anoubis*, dont le premier signifie un statuaire, un peintre : celui qui faisait les *grammatta* ou portraits ciselés des dieux, en un mot, un graveur d'hiéroglyphes, et dont le second exprime un homme éloquent, un orateur, un héraut), perdirent dans la suite le sens traditionnel de ces mots, donnèrent à *grammatéos* la signification de secrétaire, et, poétisant de plus en plus cette idée, ils finirent par attacher des ailes à la tête et aux pieds de cette divinité, et lui mettant le caducée à la main, ils supposèrent qu'il était le messager des dieux.

Ainsi, dans l'ancien système des origines helléniques, l'écriture alphabétique fut empruntée des *hiérogrammes* ou lettres sacrées, dont l'existence était antérieure; et c'est à ce motif que l'on a attribué la dénomination des anciens éléments alphabétiques des langues de souche arabe (ou sémitique). Ainsi *aleph* (*a*), signifie bœuf, chef; *beth* (*b*), maison; *ghimel* (*g*), chameau; *daleth* (*d*), porte, etc. Quelques écrivains prétendent que ces dénominations de l'ancien alphabet hébreu, que l'on nomme actuellement alphabet samaritain, correspondaient à des figures qui représentaient effectivement les objets qu'ils désignaient, comme cela a encore lieu maintenant en chinois. Ces figures auraient été remplacées ensuite par des signes de convention plus propres à exprimer les différentes émissions de la voix, en négligeant complétement les formes des objets dont on voulait transmettre la connaissance. Mais cette opinion n'est guère probable, si l'on considère que certains alphabets modernes, comme l'alphabet irlandais, donnent aux lettres qui les com-

posent des dénominations semblables d'objets communs
de la nature dont les noms commencent par la lettre de
l'alphabet à laquelle ils servent d'épellation. Ces noms de
choses n'ont été employés que pour aider la mémoire à re-
tenir les lettres, parce que celles-ci n'avaient pas été clas-
sées méthodiquement comme dans l'alphabet sanskrit,
ainsi que nous le ferons voir ci-après.

Il résulterait des faits ci-dessus que c'est à l'Egypte que
l'on devrait rapporter l'honneur de l'invention de l'écriture
ou de l'art de peindre la parole par des images et par des
signes représentant les articulations de la voix humaine ;
que les Phéniciens furent le premier peuple qui emprunta
cet art au peuple inventeur ; que de la Phénicie ou Chaldée
il passa aux Hébreux et aux Grecs ; aux Hébreux, pendant
leur captivité à Babylone d'où ils emportèrent l'alphabet
phénicien ou chaldéen (les Phéniciens et les Chaldéens se
servant du même idiôme et du même alphabet), originaire
d'Egypte, avec la langue phénicienne ou chaldéenne, qui
servirent l'un et l'autre à Esdras le scribe, grand-prêtre
hébreu, pour la révision ou peut-être la rédaction de la
Bible, comme les Juifs eux-mêmes l'avouent. Et en effet,
le caractère hébreu, tel qu'il s'est conservé jusqu'à nos
jours, a les plus grandes ressemblances avec les différens
alphabets phéniciens publiés depuis près d'un siècle, comme
la langue de la Bible a la plus grande affinité, pour ne
pas dire la plus grande identité, avec la langue des inscriptions phéniciennes découvertes jusqu'à ce jour. Il passa
aux Grecs avec Cadmus et les autres Phéniciens qui l'ac-
compagnèrent en Béotie, comme le rapporte Hérodote
(liv. v, chap. 58, 59). — « Les Phéniciens qui vinrent en
» Grèce avec Cadmus et dont les Géphyriens faisaient par-
» tie, introduisirent, durant leur résidence en Grèce, di-
» verses sciences, et entre autres choses des lettres (gram-
» matta) que, selon mon opinion, les Grecs ne connaissaient
» pas avant leur arrivée. Ces lettres furent d'abord em-
» ployées telles que les employaient les Phéniciens eux-
» mêmes ; mais par la suite des temps, ces lettres furent
» changées dans le son et dans la forme. A l'époque de
» l'arrivée de la colonie phénicienne, les Grecs qui en étaient
» les plus voisins furent les Ioniens, qui apprirent ces let-
» tres des Phéniciens et les admirent dans l'usage commun
» de la vie, à de légères modifications près. Comme c'était
» les Phéniciens qui les avaient fait connaître les premiers
» dans la Grèce, ils les nommèrent avec justice : lettres
» phéniciennes...
» J'ai vu moi-même, ajoute Hérodote, dans le temple
» d'Apollon Isménien, à Thèbes de Béotie, ces lettres cad-
» méennes, inscrites sur trois trépieds, et ayant une
» grande ressemblance avec celles dont les Ioniens fai-
» saient usage. »

§ 2. Ages de l'écriture.

Les différentes écritures qui ont été ou qui sont encore
en usage chez les différens peuples de la terre peuvent être
divisées en trois âges, selon qu'elles sont 1° la représentation
figurée des objets et des idées ; 2° la représentation altérée
et conventionnelle des objets et des idées, et 3° l'expression
phonétique pure des articulations de la voix humaine. Le
premier de ces âges peut s'appeler âge figuratif ou hiéroglyphique, le second âge transitoire, et le troisième âge
alphabétique pur. A l'âge figuratif appartiennent les premiers hiéroglyphes égyptiens, les premiers signes de l'écriture chinoise et les peintures mexicaines ; à l'âge transitoire
appartiennent l'écriture égyptienne appelée hiératique,
l'écriture chinoise actuelle, et, sous quelques rapports, les
écritures japonaise et cochinchinoise ; à l'âge alphabétique
pur appartiennent toutes les écritures purement alphabétiques. L'âge auquel une écriture appartient peut servir à
déterminer son ancienneté respective ; car celle qui appar-

tiendra au premier de ces âges sera nécessairement plus
ancienne, dans l'ordre de dérivation, que celle qui appartiendra au second, et celle qui appartiendra au second que
celle qui appartiendra au troisième. C'est une loi qui, nous
le croyons, ne peut souffrir aucune exception.

Pour ne citer ici que quelques exemples incontestables,
l'histoire de l'écriture égyptienne et de l'écriture chinoise
confirme cette loi. Chez les Égyptiens et les Chinois, les
deux plus anciennes nations connues de l'antiquité, l'écriture a été d'abord purement hiéroglyphique ou figurative ;
ensuite elle est passée à l'état transitoire où les figures
primitives ont perdu beaucoup de leur exactitude et de leur
ressemblance, et s'associent de plus en plus des élémens
phonétiques, pris dans les signes figuratifs altérés, pour faire
correspondre autant que possible la langue figurative à la
langue parlée : enfin l'écriture égyptienne arrive à l'état
presque purement alphabétique dans l'écriture démotique
ou enchoriale, et, après l'introduction du christianisme en
Egypte, elle passe tout entière dans l'alphabet copte, formé
de l'alphabet grec. L'écriture chinoise n'est pas encore
passée à ce troisième état, et on peut penser qu'il s'écoulera
encore bien des siècles avant que la nation chinoise adopte
l'écriture purement alphabétique. Il faudrait pour que cet
événement arrivât qu'une grande révolution s'opérât,
comme en Égypte, au sein de la nation, que tous les monumens de sa civilisation eussent disparu de son sol, et
qu'une nouvelle langue, avec de nouvelles institutions,
fussent imposées à ses habitans.

§ 5. Écriture chinoise.

L'écriture chinoise a procédé d'abord à la notation des
idées, non par un signe arbitraire représentant un son
déterminé de la langue, mais par la figure plus ou moins
fidèle des objets. On l'a donc nommée avec raison Écriture
idéographique. Il est arrivé ensuite que l'impossibilité de
figurer tous les objets de la nature, surtout les noms propres, et la nécessité de représenter d'une façon quelconque
les sons de la langue parlée qui n'avaient pu être figurés,
introduisirent dans l'écriture idéographique un nouvel élément, l'élément phonétique, qui dut cependant conserver
les entraves naturelles de l'écriture figurative.

Pour nous faire mieux comprendre, nous allons exposer
avec quelques détails la synthèse de l'écriture figurative
ou idéographique des Chinois, dont on a généralement une
bien imparfaite idée.

On a vu précédemment quelle a été l'origine de l'écriture
chinoise. Le premier élément de cette écriture fut un
simple trait : —, ou ligne droite, qui est l'élément unique
des trigrammes de Fou-hi. Cet élément, avec ses différentes
combinaisons, n'ayant pas suffi pour exprimer symbolique-
ment tous les objets de la pensée et surtout les objets phy-
siques, on inventa l'écriture figurative. Cette écriture du
premier âge, qui dut représenter les objets aussi exactement
que possible, était déjà altérée à l'époque où l'Inscription
de Yu (que l'on possède encore) fut gravée, c'est-à-dire
2278 ans avant notre ère, puisque cette inscription n'offre
déjà plus qu'un petit nombre d'images ou de figures primitives réelles. Les inscriptions chinoises qui existent sur
les anciens vases conservés au Musée impérial de Péking
(Voy. les figures de plusieurs de ces vases que nous avons
fait graver dans le premier volume de notre Description de
la Chine. Paris, F. Didot), dont l'antiquité ne remonte
que de mille à dix-huit cents ans avant notre ère, n'offrent
également que peu de figures primitives réelles, telles que
⚚ pour signifier enfant ; un petit-fils ou descendant,
lorsque la figure est renversée la tête en bas ; ⊂⊙⊃, pour
signifier un œil ; ∅, pour signifier un arc. L'époque

ancienne la plus connue de l'écriture chinoise n'est donc déjà plus purement figurative. On comprend facilement que cet état primitif ne pouvait être de longue durée, parce que l'usage journalier de cette écriture et les besoins toujours croissans de former de nouveaux caractères ou de nouvelles figures pour représenter de nouvelles idées, devaient nécessairement y introduire de nombreuses altérations. Mais cependant, quoique altérée, ou, si l'on veut, perfectionnée ainsi, et quoique, comme les hiéroglyphes égyptiens, elle renferme déjà un grand nombre d'élémens phonétiques empruntés aux figures elles-mêmes, détournées de leur signification habituelle, l'écriture chinoise de cette époque peut encore être appelée *figurative* ou *idéographique*. Il serait difficile, pour ne pas dire impossible, de tracer une ligne de démarcation tranchée entre l'écriture purement figurative et l'écriture figurative altérée. C'est pourquoi, bien que l'on puisse former deux divisions de ces deux écritures, nous n'avons trouvé aucun inconvénient à réunir ces deux états de l'écriture chinoise et de l'écriture égyptienne sous le nom d'*âge figuratif* ou *hiéroglyphique*.

Les grammairiens et lexicographes chinois ont classé tous les caractères de leur langue sous six dénominations principales qu'ils ont nommées *lou-chou*, les six classes de caractères. Les Européens qui ont parlé de cet arrangement ne l'ont pas tous présenté dans le même ordre. Voici celui que donne Hiu-Chin dans la préface de son *Chouë-wen* ou Dictionnaire des caractères antiques :

1. Caractères *tchi-sse*, ou indicatifs.
2.   *siang-hing*, figuratifs.
3.   *hing-ching*, idéo-phonétiques.
4.   *hoeï-i*, à sens combinés.
5.   *tchouan tchu*, inverses.
6.   *kia-tsieï*, métaphoriques.

Nous n'avons pas cru devoir adopter cet ordre de classement, qui ne nous a pas paru l'ordre logique et chronologique. Nous avons préféré l'ordre suivant :

1. Caractères figuratifs purs.
2.   indicatifs.
3.   à sens combinés.
4.   inverses.
5.   métaphoriques.
6.   idéo-phonétiques.

La première de ces classes est celle des caractères figuratifs purs, qui sont destinés à représenter la forme ou la figure des objets.

En voici des exemples :

	Soleil	Lune	Montagne	Arbre	Chien	Cheval
Formes anciennes, ou figuratives :	☉	☾	山	米	犬	馬
Formes modernes, ou transitoires :	日	月	山	木	犬	馬

La deuxième classe comprend les caractères qui indiquent certaine qualité ou propriété d'une chose ou la chose elle-même, comme :

	Aurore	Soir	En haut	En bas	Un	Centre
Formes anciennes :	므	㇏	⸗	·	一	中
Formes modernes :	旦	夕	上	下	一	中

L'idée de *matin* est indiquée dans le premier caractère par l'image du soleil placée au-dessus d'une ligne horizontale : c'est le moment du jour où le soleil apparaît au-dessus de l'horizon. On a indiqué l'idée de *soir* par des traits vaporeux descendant vers l'horizon en supprimant l'image du soleil, etc.

La troisième classe comprend les caractères qui représentent par leur propre formation des idées combinées. On composa ces caractères en réunissant ensemble deux ou trois figures simples dont la combinaison pouvait faire naître dans l'esprit l'idée complexe que l'on voulait rendre. Ainsi la réunion du soleil et de la lune signifia *lumière*; la figure d'homme au-dessus de celle de montagne signifia *anachorète, ermite*; deux arbres réunis signifièrent *forêt*; l'image de bouche et celle d'oiseau signifièrent *chant*; celle de l'eau et celle d'œil signifièrent *larme, pleurs, pleurer*; l'image de femme, jointe à celles de main et de balai, signifia *femme de ménage* :

	Lumière	Ermite	Forêt	Chant	Larme	Femme de ménage
Form. anc. :	☉☽	仚	林	鳴	泪	橭
Form. mod. :	明	仙	林	鳴	泪	婦

La quatrième classe comprend les caractères qui, par la manière dont ils sont tracés, acquièrent une signification inverse, antithétique, ou correspondant à leur signification primitive. Le nombre de ces caractères est très borné. En voici des exemples :

	Gauche	Droite	Rompu	Continu	Homme	Cadavre
Form. anc. :	ㄓ	ㅋ	𢇇	𢇇	刀	尸
Form. mod. :	右	左	斷	繼	人	尸

La cinquième classe comprend les caractères qui ont été détournés de leur acception primitive et habituelle pour exprimer des idées abstraites ou des actes de l'entendement. Ainsi l'image du cœur matériel représente l'*esprit*, l'*entendement*, le principe de l'intelligence; le caractère employé pour désigner un chemin, une voie de communication d'un lieu à un autre, a été détourné de sa signification primitive, pour désigner, dans la langue philosophique, la parole, la grande voie de communication entre Dieu et l'homme, le principe suprême enfin. Cette classe, qui n'en est proprement pas une, puisque la plupart des caractères qui la composent, sinon tous, sont compris dans les classes précédentes, est cependant très importante à connaître pour l'intelligence des sciences abstraites. Voici les figures des exemples que nous avons cités

	Cœur	Chemin, Voie
Formes anciennes :	心	道
Formes modernes :	心	道

La sixième classe, de beaucoup la plus nombreuse, comprend tous les caractères composés de deux élémens, dont l'un représente l'image générique des objets ou des actions, et l'autre le son de la langue parlée, correspondant à l'objet ou à l'acte spécial que l'on veut désigner. Le second des deux élémens qui composent cette classe de caractères est toujours emprunté aux autres classes; mais en se groupant avec une figure ou image générique, il perd presque habituellement la signification qu'il avait primitivement avant cette association. Nous disons presque habituellement, parce que dans la composition de cette classe de caractères on a regardé comme une perfection de faire concourir au sens spécial du caractère ainsi composé, non seulement l'image générique et le son spécial du groupe phonétique additionnel, mais encore le sens primitif de ce même groupe additionnel. Cependant ces trois conditions se trouvent assez rarement réunies dans cette classe de caractères, et il faudrait bien se garder, comme on l'a fait et comme on le fait encore trop souvent, de ne voir et de ne chercher dans les deux élémens qui les composent que des images représentatives, lorsque l'un de ces deux élémens, que

lois calligraphiques, qui entrent toujours pour beaucoup dans la formation et le développement des écritures, obligèrent aussi de se servir de certains signes plutôt que d'autres dans la composition des groupes idéo-phonétiques ou purement phonétiques, parce que tel signe se prêtait plus facilement à tel groupement que tel autre de la même valeur phonétique. C'est ce qui fait que l'on remarque souvent dans les signes homophones des dimensions différentes, horizontales, verticales ou carrées. Les caractères chinois et les hiéroglyphes affectant spécialement la forme carrée, on dut choisir de préférence, dans leur composition, les signes qui pouvaient le mieux se prêter à cette combinaison.

Étant une fois démontré que l'élément phonétique fait partie intégrante du système de l'écriture hiéroglyphique, il faut rechercher quelle était la langue orale parlée en Égypte aux différentes époques de l'écriture hiéroglyphique, afin de déterminer la valeur élémentaire des signes phonétiques. Qui le croirait ? Ce n'est que depuis une trentaine d'années que la langue copte a été reconnue pour être l'ancienne langue parlée sur les bords du Nil, quoique les monumens tout chrétiens que nous possédons maintenant dans cette langue, et dans lesquels sont entrés avec l'alphabet grec un grand nombre de mots purement grecs, ne nous l'offrent plus que très altérée et très incomplète. Deux orientalistes français d'un profond savoir, MM. Quatremère et de Sacy, furent les premiers qui émirent cette opinion avec toute l'autorité de leur parole. M. Quatremère, dans son savant ouvrage sur *la Langue et la Littérature égyptiennes* (1808), avait élevé son opinion à la hauteur d'une démonstration. M. de Sacy, en rendant compte de cet ouvrage dans le *Magasin encyclopédique de Millin* (1808), s'exprimait ainsi : « Je ne crains point de dire que la langue copte » conserve encore dans son système grammatical plusieurs » traits de la physionomie propre à un idiôme qui s'est long- » temps écrit en caractères hiéroglyphiques. »

Exposant les motifs de son opinion, M. de Sacy fait connaître de curieux rapports entre la détermination des idées dans la langue copte, et cette même détermination chez les Chinois (rapports que le savant orientaliste ne signale que dans quelques formes grammaticales de la langue parlée, la langue figurative n'ayant pas été pour lui l'objet d'une étude spéciale); il fait observer que si l'idiôme égyptien présente pas aussi parfaitement que le chinois l'effet des caractères idéographiques sur le langage, c'est que tous les monumens connus de cet idiôme sont postérieurs à l'époque où l'usage de l'écriture hiéroglyphique avait cessé ; de sorte que la langue avait pu perdre déjà une partie de sa physionomie primitive.

Nous ajouterons que, dans la langue copte, presque tous les rapports grammaticaux sont exprimés par des *préfixes* et des *suffixes* qui ne font point fusion avec les mots qu'ils déterminent, comme cela a lieu dans les langues écrites par des signes purement alphabétiques. Dans les mots composés, ainsi que l'observe M. de Sacy, les parties composantes restent constamment distinctes, ce qui donne à la langue copte tous les caractères d'un idiôme qui n'a pu se développer librement, et se dégager complètement de ses anciennes entraves hiéroglyphiques.

Cependant il ne faudrait pas croire, comme on y paraît maintenant trop porté, que la langue copte, telle que nous la connaissons, nous représente l'idiôme ancien des hiéroglyphes dans toute sa pureté ; le fait serait phénoménal. Pour ne citer qu'un exemple de la différence du dialecte copte de l'idiôme hiéroglyphique, c'est que, dans ce dernier, les articles suivent constamment le nom qu'ils déterminent en forme d'affixes (à peu d'exceptions près), tandis que dans le copte ils le précèdent au contraire comme préfixes. En voici un exemple : *sœur* s'écrit en hiéroglyphes ⳩ *çn-t* (en ajoutant les voyelles, *çône-t*), en copte *t-çône*, la sœur.

Quelles que soient les altérations que l'idiôme hiéroglyphique ait subies dans la langue copte, qui était sans aucun doute la langue populaire de l'Égypte, tandis que l'idiôme hiéroglyphique en était la langue sacrée, c'est cependant dans la langue copte actuelle que l'on devait rechercher les articulations élémentaires représentées par les signes phonétiques. C'est aussi ce qui a été fait. Et si, dans des cas assez rares, le mot donné par les groupes hiéroglyphiques phonétiques ne répond pas à un mot copte (comme le mot *souten*, que Champollion a toujours traduit par *roi*, ayant toujours aussi pour déterminatif le signe figuratif du *roi*), on ne peut en conclure rien autre chose, sinon, ou que la lecture des groupes phonétiques peut admettre quelques exceptions dues à des causes que nous ignorons encore, ou que nous ne connaissons pas tous les mots égyptiens-coptes en usage aux différentes époques de l'écriture hiéroglyphique. Désormais le *véritable système de l'écriture et de la langue hiéroglyphiques n'en reste pas moins démontré de la manière la plus incontestable et la plus évidente.*

Si nous pouvions citer ici un exemple de l'écriture *hiératique* mise en regard de la même phrase en écriture hiéroglyphique linéaire, cet exemple ferait voir que nous avons eu raison de comparer, 1° l'écriture hiéroglyphique pure des grands monumens publics égyptiens à l'écriture figurative des Chinois de l'époque primitive, dont il ne reste que quelques traces sur des anciens vases ou dans quelques anciennes inscriptions ; 2° l'écriture hiéroglyphique linéaire à l'écriture figurative des Chinois que nous avons encore comprise dans le premier âge, et qui fut usitée jusqu'à deux cents ans avant notre ère ; 3° enfin, l'écriture hiératique à l'écriture chinoise actuelle, que nous avons dit appartenir à l'âge transitoire. L'écriture *démotique* a aussi son analogue dans l'écriture chinoise ; mais c'est au Japon que cette dernière a pris ce dernier développement, ou plutôt qu'elle a subi cette dernière altération.

Les écritures chinoise et égyptienne peuvent se tracer et se lire indifféremment de *haut en bas*, en commençant par la droite ou par la gauche, de *droite à gauche*, et de *gauche à droite*. La direction qu'elles affectionnent le plus est celle de *haut en bas* ; mais il n'est pas rare de voir sur le même monument, comme l'obélisque de Paris, par exemple, toutes ces différentes directions employées en même temps. C'est par la direction de la tête des caractères que l'on reconnaît la direction des lignes.

§ 6. *Écriture japonaise.*

Les Japonais empruntèrent leur écriture aux Chinois, vers l'année 285 ou 290 de notre ère. Avant cette époque, ils ne se servaient pas de caractères ; et comme ils avaient une langue parlée appropriée à leur état de civilisation, il arriva un fait singulier et qui n'a sans doute pas d'analogue dans l'histoire. En adoptant les caractères chinois, les Japonais en adoptèrent aussi la prononciation, c'est-à-dire qu'ils adoptèrent le petit nombre de mots de la langue parlée des Chinois que, dans la lecture, ils attachent à leurs caractères figuratifs et phonétiques, tout en modifiant cependant cette même prononciation. Mais comme l'introduction des signes représentatifs des idées trouvait au Japon une langue orale toute développée, il arriva qu'on appliqua chaque signe ou caractère chinois au mot de la langue japonaise dont il représentait le sens ; de sorte que chaque caractère ou signe graphique eut deux appellations de deux langues parlées différentes.

Outre l'usage des caractères chinois employés comme signes représentatifs d'une langue étrangère : la langue japonaise, un religieux et un lettré japonais, vers l'an 840 de notre ère, tirèrent de ces signes représentatifs, par diverses altérations, deux syllabaires destinés à représenter syllabiquement tous les mots de leur langue parlée. Voici le premier de ces syllabaires qui porte le nom de *kana* ou *firo-kana* :

SYLLABAIRE JAPONAIS FIRO-KANA.

ヱ	ア	ヤ	ラ	ヨ	チ	イ
ye.	a.	ya.	ra.	yo.	tsi.	i.
ヒ	サ	マ	ム	タ	リ	ロ
fi.	sa.	ma.	mou.	ta.	ri.	ro.
モ	キ	ケ	ウ	レ	ヌ	ハ
mo.	ki.	ke.	ou.	re.	nou.	fa.
セ	ユ	フ	井	ツ	ル	ニ
se.	you.	fou.	i.	so.	rou.	ni.
ス	メ	コ	ノ	ツ	ヲ	ホ
sou.	me.	ko.	no.	tsou.	o.	fo.
	ミ	エ	オ	子	ワ	ヘ
	mi.	ye.	wo.	ne.	wa.	fe.
	シ	テ	ク	ナ	カ	ト
	si.	te.	kou.	na.	ka.	to.

§ 7. *Age alphabétique.* — *Écritures sémitiques ou araméennes.*

Nous avons vu au commencement de cet article que les traditions de l'ancien monde grec et romain attribuaient l'invention de l'écriture alphabétique aux Egyptiens ; que le Phénicien Cadmus la fit connaître aux Grecs ; nous avons également vu comment l'écriture chinoise et égyptienne est passée de l'état figuratif ou idéographique à l'état phonétique, et comment de la peinture figurée des objets on arriva, dans la suite des temps, à ne conserver des formes primitives de l'écriture que de simples linéamens et des traits rudimentaires. De ce dernier état à l'état purement alphabétique, le pas était facile à faire, et l'on pourrait s'étonner de ce que ni les Chinois, ni les anciens Egyptiens ne l'ont fait. Cependant ce phénomène, tout extraordinaire qu'il paraisse, n'est que le résultat d'une loi générale qui ne permet pas aux nations de se dépouiller de leur passé d'une manière absolue, et d'effacer jusqu'aux dernières traces de leurs formes originelles dans des formes nouvelles de civilisation.

Il faut, comme nous l'avons déjà dit, qu'une de ces grandes catastrophes qui remuent les empires de fond en comble, et ne laissent pas pour ainsi dire pierre sur pierre, frappe une nation ; que toutes les formes de son ancienne civilisation soient anéanties sous le fer des conquérans, pour qu'elle adopte les formes d'une autre civilisation. L'écriture des deux premiers âges ne pouvait donc prendre son dernier développement, ou plutôt sa dernière transformation, que sur un autre sol que celui qui l'avait vu naître ; comme ces plantes et ces arbres étrangers qui ne produisent leurs plus belles fleurs ou leurs plus beaux fruits qu'après avoir été transplantés sur un nouveau sol.

C'est ainsi que nous verrons l'écriture égyptienne, dépouillée presque complétement de son élément figuratif, et transplantée successivement sur de vastes contrées, porter bientôt des fruits nouveaux et féconds et y devenir un puissant instrument de civilisation. Ce dernier produit de l'écriture hiéroglyphique avait été indiqué par Champollion, quand il écrivait en 1822 : « Il serait possible de retrouver dans cette » ancienne écriture phonétique égyptienne, sinon l'origine,

» du moins le modèle sur lequel peuvent avoir été calqués » les alphabets des peuples de l'Asie occidentale, et surtout » ceux des nations voisines de l'Egypte. Si l'on remarque » en effet, 1° que chaque lettre des alphabets que nous ap- » pelons *hébreu*, *chaldaïque* et *syriaque*, porte un nom » significatif ; que ces noms sont fort anciens, puisqu'ils » furent presque tous transmis par les Phéniciens aux Grecs, » lorsque ceux-ci en reçurent l'alphabet ; 2° que la première » consonne ou la première voyelle de ces noms est aussi, » dans ces alphabets, la voyelle ou la consonne que la lettre » représente, on reconnaîtra dans la création de ces alpha- » bets une analogie parfaite avec la création de l'alphabet » phonétique égyptien ; et si des alphabets de ce genre sont » formés primitivement, comme tout le prouve, de signes » représentant des idées ou objets, il est évident que nous » devons reconnaître le peuple inventeur de cette méthode » graphique dans celui qui se servit spécialement d'une » écriture idéographique ; c'est dire enfin que l'Europe, qui » reçut de la vieille Egypte les élémens des sciences et des » arts, lui devrait encore l'inappréciable bienfait de l'écriture » alphabétique. »

Le plus ancien monument que l'on possède de l'écriture de ces nations, après les inscriptions cunéiformes dont nous parlerons ci-après, est l'inscription chaldéenne suivante, tracée sur une brique trouvée dans les ruines de Babylone. On verra que les lettres dont elle est formée ont une ressemblance frappante avec les lettres phéniciennes que l'on connaissait déjà par plusieurs inscriptions et par un grand nombre de médailles.

Inscription chaldéenne babylonienne, avec la valeur des lettres qui la composent indiquée en caractères hébreux carrés, dits babyloniens.

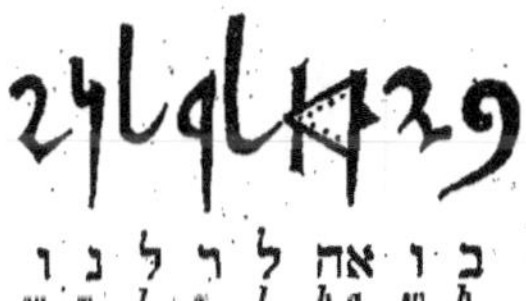

que l'on a traduite par ces mots :

Sit nobis perennitas!

Si l'on tient compte de la différence que le style monumental apporte dans la forme des caractères, et de celle que la typographie introduit toujours avec elle, on reconnaîtra la parfaite identité des caractères de cette inscription avec les caractères correspondans de la plupart des alphabets sémitiques, qui ont entre eux autant de conformité que la diversité des temps et des lieux a pu le comporter, avant que l'invention de l'imprimerie ne vînt en fixer les traits d'une manière indélébile. Nous ne pouvons réunir ici les écritures alphabétiques de la même famille ou dérivées de la même souche, qui ont eu cours dans l'Orient, parce que les caractères de ces écritures ne sont pas tous gravés à beaucoup près. Nous nous bornerons à présenter les principaux dans un tableau synoptique comparatif, en rappelant seulement que nous donnons les formes typographiques plus régulières mais moins fidèles que les formes manuscrites. Nous dirons seulement que toutes les écritures du monde sémitique ou araméen dérivent des groupes phonétiques hiéroglyphiques, par une dégradation successive facile à déterminer, en passant par les formes linéaires, hiératiques et démotiques. Ce sont ces dernières formes qui ont donné naissance à l'écriture samaritaine, ou ancien hébreu, commun aux Juifs avant leur captivité, écriture qui, elle-même, n'était que l'écriture en usage dans la Phénicie, avant que les Hébreux n'entrassent dans le pays de Canaan ; de sorte que ce n'est qu'une forme plus ou moins fidèlement conservée de l'écriture phénicienne, comme on peut en acquérir la preuve en la comparant avec l'alphabet phénicien recueilli sur divers monumens authentiques [*]. L'alphabet samaritain a donné naissance aux autres alphabets sémitiques, comme l'alphabet phénicien, dérivé primordialement des hiéroglyphes [**], a donné naissance à la série des alphabets connus sous les noms de *grec ancien*, *étrusque*, *ombrien*, *samnite*, *osque*, *celtibérien*, *romain ancien*, qui sont pour ainsi dire identiques. Nous avons suivi dans la disposition des caractères de ces alphabets l'ordre irrationnel qui leur a été donné jusqu'ici, parce que l'ordre méthodique que nous ferons connaître ci-après, et dans lequel les consonnes du même ordre ou du même organe, se trouvant rapprochées, aurait demandé des éclaircissemens que les bornes de cet article nous empêchent de présenter ici.

TABLEAU COMPARATIF

DES PRINCIPALES ÉCRITURES SÉMITIQUES.

VALEURS.	SAMARITAIN OU HÉBREU ANCIEN.	HÉBREU-CHALDÉEN.	SYRIAQUE.	NESKHI OU ARABE MODERNE, et PERSAN.
A.	ࠀ	א	ܐ	ا
B.	ࠁ	ב	ܒ	ب
G.	ࠂ	ג	ܓ	ج
D.	ࠃ	ד	ܕ	د
H.	ࠄ	ה	ܗ	ه
V.	ࠅ	ו	ܘ	و
Z.	ࠆ	ז	ܙ	ز
KH.	ࠇ	ח	ܚ	ح
T.	ࠈ	ט	ܛ	ط
Y.	ࠉ	י	ܝ	ي
K.	ࠊ	כ	ܟ	ك
L.	ࠋ	ל	ܠ	ل
M.	ࠌ	מ	ܡ	م
N.	ࠍ	נ	ܢ	ن
S.	ࠎ	ס	ܣ	س
'A.	ࠏ	ע	ܥ	ع
PH.	ࠐ	פ	ܦ	ف
TS.	ࠑ	צ	ܨ	ص
Q.	ࠒ	ק	ܩ	ق
R.	ࠓ	ר	ܪ	ر
CH.	ࠔ	ש	ܫ	ش
TH.	ࠕ	ת	ܬ	ت

Nous n'avons pas ajouté au tableau précédent les signes voyelles parce qu'ils n'existaient pas dans ces anciens alphabets, soit que les sons vocaux étant de leur nature très variables, on n'ait pas jugé nécessaire de les figurer, soit que l'articulation des signes consonnans n'ait pas été soumise à des règles fixes dans chaque mot des différens idiomes. Un simple coup d'œil jeté sur le tableau synoptique de ces alphabets sémitiques suffira pour voir qu'ils sont tous de la même famille. Nous n'y avons pas placé l'alphabet phénicien parce qu'on le trouvera ci-après à la tête des alphabets européens, dont il ouvre la série, comme étant le chaînon intermédiaire qui lie l'Europe à l'Asie, en transmettant à la première la plus admirable invention de l'esprit humain de l'Orient [*].

Il y a plusieurs alphabets syriens [**]; le plus ancien est l'*estranghelo*. On possède des manuscrits écrits dans ce caractère qui remontent à l'an 548 de notre ère; mais il existait déjà du temps de Jésus-Christ, puisque l'on prétend que certains évangiles ont été rédigés dans la langue syriaque avec le caractère syrien. L'estranghelo moderne est l'ancien estranghelo arrondi par l'usage, et devenu plus cursif; c'est celui dont on se sert pour l'impression. Le caractère *koufique* était en usage chez les Arabes lors des conquêtes de Mahomet; ils l'avaient sans doute emprunté aux Syriens et il a servi de transition au caractère arabe moderne nommé *neskhi*, que l'on trouve dans la dernière colonne du tableau. Nous n'avons pas compris dans ce tableau l'alphabet éthiopien, non parce que ce serait un syllabaire, comme on l'a faussement prétendu; c'est parce qu'il ne nous paraît pas appartenir à la classe des alphabets sémitiques, mais à celle des alphabets indo-bactriens ou ariens. Ce qui confirme cette opinion, qui au premier abord paraîtra un paradoxe, puisque le plateau éthiopien n'est séparé de l'Égypte que par la Nubie, de l'Arabie et de la Judée que par la mer Rouge, c'est la direction de cet alphabet, qui est de gauche à droite comme celle des écritures ariennes de la famille sanskrite, au lieu d'être de droite à gauche comme celle des écritures sémitiques; ce qui le sépare totalement du système de ces dernières. Pour rendre cette proposition encore plus évidente, nous allons donner l'alphabet éthiopien ou abyssinien sous la forme systématique de l'alphabet sanskrit, en faisant remarquer que chaque consonne, comme en sanskrit, renferme intrinséquement la puissance de l'articulation en *a* bref, lorsqu'aucun autre signe vocal ne lui est adhérent. Les voyelles, dans ce système d'écriture, ne sont pas représentées par des signes isolés, excepté les voyelles *a*, *ah*. Nous comprenons dans notre tableau les lettres supplémentaires de l'amharique ou éthiopien vulgaire.

de l'écriture et sa propagation par les Phéniciens, que leur grand commerce maritime rendait propres à cette mission civilisatrice : « Primi per figuras animalium Ægyptii sensus mentis effingebant (ea antiquissima monumenta memoriæ humanæ impressa saxis cernuntur) et litterarum semet inventores perhibent; inde Phœnices, quia mari præpollebant, intulisse Græciæ, gloriamque adeptos, tanquam repererint, quæ acceperant. (Tacitus, *Annal.*, l. xi, c. 14.) »

[*] Cet alphabet phénicien, ainsi que ceux qui devaient l'accompagner, n'ayant pas été gravé pour cet article, nous renvoyons à l'ouvrage de M. Gesenius précédemment cité.

[**] « Les auteurs anciens, a dit M. Saint-Martin, désignent par le nom de *lettres syriennes* toutes les écritures de formes cursives qui finirent par remplacer partout les *lettres cunéiformes*, qui devaient être d'un très difficile emploi dans l'usage habituel. Ces lettres cursives, d'après un passage très important des Lettres attribuées à Thémistocle (épist. 22), ne furent introduites dans la Perse que sous le règne de Darius, fils d'Hystaspes, par conséquent cinq siècles avant notre ère; ce sont elles qui ont donné naissance aux différens alphabets zend, pehlvi, sassanide, palmyrien, sabéen, et autres qui se voient sur les inscriptions antiques, sur les médailles, et dans plusieurs manuscrits. »

[*] Voy. le dernier ouvrage de M. Gesenius sur les *Monumens phéniciens*.

[**] On trouve dans Tacite un passage bien curieux sur l'origine

ALPHABET ÉTHIOPIEN OU ABYSSINIEN

DISPOSÉ SELON LE SYSTÈME SANSKRIT.

VOYELLES.

ħ a.　　ዐ ah.

CONSONNES.

1ᵉʳ *ordre*. Gutturales.	ቀ ka.	ħ k'a.	ኽ kha.	ገ ga.	ጘ gna.
2ᵉ ——— Palatales.	መ th.	ፅፅፅ tch.	ዘ za.	ዣ j, dja.	ኘ hna.
3ᵉ ——— Linguales.	'	"	"	"	"
4ᵉ ——— Dentales.	ተ ta.	ፐ tha.	ደ da.	ዸ dha.	ነ na.
5ᵉ ——— Labiales.	ፐ pa.	ጰ pha.	በ ba.	ፈ fa.	መ ma.
6ᵉ ——— Semi-voyelles.	የ ya.	ረ ra.	ለ la.	ወ va.	
7ᵉ ——— Sifflantes.	ሰ ssa.	ኸ cha.	ሠ sa.	ጸ tsa.	ዐ zza.	ሀ ha.	ሕ h'a.

Si l'on compare ce tableau avec l'alphabet sanskrit donné ci-après, on sera frappé de l'extrême analogie qui existe entre eux pour la constitution surtout, car pour la forme ils diffèrent beaucoup l'un de l'autre, au premier abord, quoiqu'une analyse rigoureuse puisse facilement parvenir à retrouver même la forme sanskrite dans l'alphabet éthiopien, surtout la forme des anciennes inscriptions trouvées dans l'Inde et qui remontent à une époque antérieure à notre ère. On verra que la classe des cérébrales propres au sol de l'Inde n'a pas été importée dans l'Abyssinie, comme dans tous les pays où la langue et l'alphabet ariens ont été introduits. On pourra apercevoir aussi la portée pour l'histoire des faits nouveaux que nous venons d'établir, et qui tendent à démontrer les résultats suivans : que l'Ethiopie a été peuplée ou civilisée anciennement par une colonie venue de l'Inde, supposition qui a déjà été faite par W. Jones et quelques voyageurs, et qui acquiert ainsi une espèce de certitude [*].

§ 8. *Ancienne écriture persépolitaine ou cunéiforme.*

La nation persane moderne a adopté l'alphabet arabe en le modifiant légèrement par des points ajoutés à certaines lettres pour rendre des articulations qui n'étaient point représentées dans cet ancien alphabet sémitique. L'ancien alphabet persan qui était en usage du temps des Sassanides, et que M. de Sacy a extrait des inscriptions et des médailles de cette dynastie persane, fut mis de côté par les Arabes lorsqu'ils conquirent ce royaume. C'est ce qui explique pourquoi une langue qui n'avait que très peu d'affinité avec les langues sémitiques de souches arabes, se trouve aujourd'hui représentée par un alphabet qui lui est étranger. Cette même contradiction se retrouve également dans la langue zende, comme on le verra ci-après. Mais outre cette écriture sassanide qui a les plus grands rapports de conformité avec l'alphabet zend, ainsi qu'avec l'alphabet syriaque, et qui, par conséquent, accuse une origine sémitique, on a retrouvé dans les ruines de Persépolis et de Babylone des inscriptions en caractères dont les traits ressemblent à des clous [*] ou coins, et que pour cette raison on a nommés cunéiformes. Depuis la découverte de ces inscriptions, plusieurs savans se sont occupés de les déchiffrer. M. Grotefend fut le premier qui parvint à déterminer la valeur de quelques caractères cunéiformes avec le peu de secours qu'il trouva en dehors de la connaissance des anciens idiômes de l'Asie persane. M. Saint-Martin en fit une étude particulière, et crut parvenir à déchiffrer deux de ces inscriptions qui remontent au temps de Darius. Mais la connaissance de ces inscriptions était restée pour ainsi dire dans l'enfance, lorsque M. Eugène Burnouf, qui, par ses profonds travaux sur les idiômes indo-bactriens, et surtout sur l'ancienne langue de Zoroastre, a élevé la philologie orientale à l'état de science, est venu jeter de grandes lumières sur une découverte encore si incertaine. Procédant toujours méthodiquement du connu à l'inconnu, et s'appuyant sur une base sûre : la connaissance préalable approfondie des idiômes indo-bactriens, M. Eugène Burnouf, dans son dernier ouvrage intitulé : *Mémoire sur deux inscriptions cunéiformes trouvées près d'Hamadan* [**], est arrivé à la lecture et à l'interprétation complète de ces deux inscriptions, l'une de Darius et l'autre de Xerxès, en déterminant la valeur de plusieurs caractères cunéiformes qui étaient inconnus avant lui. Qui sait ce que nous révéleront désormais ces monumens énigmatiques qui sont peut-être contemporains de Sémiramis, et dont la pensée a été confiée à la pierre il y a quarante siècles par les mains qui érigèrent ces superbes colonnes de Palmyre qui couvrent maintenant le désert de leurs débris?

On distingue plusieurs espèces d'écritures cunéiformes plus ou moins compliquées; mais on ne connaît encore que l'espèce la plus simple, celle qui tient le premier rang dans les inscriptions de Persépolis. C'est dans ce dernier système que sont gravées les inscriptions déchiffrées jusqu'à ce jour. Voici la traduction que M. Eugène Burnouf a donnée des deux inscriptions de Darius et de Xerxès:

Inscription de Darius.

Ormuzd (est) l'être divin; il a donné le Homa excellent; il a donné le ciel; il a donné l'homme; il a donné la nourriture à

---

[*] Nous trouvons une confirmation bien inattendue de ce fait dans le Syncelle, qui prétend que les Ethiopiens partirent originairement des bords du fleuve Indus, et allèrent s'établir dans une contrée située au-dessus de l'Egypte, sous le règne d'Aménophis ou de Memnon, de la huitième dynastie : Αἰθίοπες ἀπὸ τοῦ Ἰνδοῦ ποταμοῦ ἀναςάντες ἀπρὸς τῇ Αἰγύπτῳ ᾤκησαν : *Æthiopes ab Indo fluvio profecti, supra Ægyptum sedem sibi eligerunt.* (Syncel., p. 120; ed. Venet.)

[*] C'est improprement, selon nous, que l'on a donné à ce genre d'écriture le nom de *cunéiforme*, parce que les figures ou les traits qui composent chaque signe ou lettre alphabétique ressemblent plutôt à des fers de lance qu'à des clous ou à des coins, dont le talon ne peut avoir la bifurcation des traits aigus de l'écriture persépolitaine. On pourrait plutôt nommer *cunéiforme* l'écriture d'une inscription grecque trouvée à Olympie, et dont nous parlerons ci-après.

[**] Un vol. in-4°. Paris, 1836; Imprimerie royale

l'homme; il a engendré Darius roi, ce roi des braves, ce chef des braves. Ceci (est) Darius roi divin, roi des rois, roi des provinces qui produisent les braves, roi du monde excellent (et) divin; redoutable, protecteur; fils de Gochtâçpa, Achéménide.

Inscription de Xerxès.

Ormuzd (est) l'être divin; il (est) le plus grand des êtres; il a donné le Homa excellent; il a donné le ciel; il a donné l'homme; il a donné la nourriture à l'homme; il a engendré Xerxès roi, ce roi des braves, ce chef des braves. Ceci (est) Xerxès roi divin, roi, roi des rois. Roi des provinces qui produisent les braves; roi du monde excellent (et) divin; redoutable, protecteur; fils de Darius roi, Achéménide.

Nous avons dit précédemment que l'écriture *cunéiforme*, dans laquelle sont gravées un grand nombre d'inscriptions existantes encore dans les ruines de Babylone, de Persépolis, ainsi que dans d'autres parties de l'ancien empire de Darius et de Xerxès, est formée d'un élément qui a plutôt la figure d'un *fer de lance* ou de *flèche* ⟶ que d'un *coin*. C'est cet élément unique Y, qui, par ses nombreuses combinaisons avec lui-même, forme tous les groupes de cette écriture reconnue pour être alphabétique, à moins, toutefois, que l'on ne voie aussi dans la figure ⟨ la forme de l'*arc*, au lieu de deux fers de flèche réunis ⟨, ce qui offre également le même symbole. Voici les différens groupes de cette écriture ancienne, avec la valeur alphabétique telle que l'a fixée M. E. Burnouf dans son Mémoire précédemment cité. Nous y joignons l'alphabet *zend*, également fixé par lui, et l'alphabet *pehlvi* correspondant:

ALPHABETS CUNÉIFORME, ZEND ET PEHLVI.

Numéros d'ordre.	Valeurs.	Caractères cunéiformes.	Caractères zends.	Caractères pehlvis.
1	a	▦	▦	▦
2	â	▦	▦	▦
3	i	▦	▦	▦
4	î	▦	▦	
5	u	▦	▦	
6	û	▦	▦	▦
7	ô	▦	▦	▦
8	k	▦	▦	▦
9	kh	▦	▦	
10	q	▦	▦	▦
11	g	▦	▦	▦
12	gh	▦	▦	▦
13	z	▦	▦	▦
14	t	▦	▦	▦
15	d	▦	▦	▦
16	dh	▦	▦	▦
17	n	▦	▦	▦

Numéros d'ordre.	Valeurs.	Caractères cunéiformes.	Caractères zends.	Caractères pehlvis.
18	p	▦	▦	▦
19	f	▦	▦	▦
20	b	▦	▦	▦
21	m	▦	▦	▦
22	y	▦	▦	
23	r	▦	▦	▦
24	l	▦		▦
25	l	▦		
26	v	▦	▦	
27	ç	▦	▦	▦
28	ch	▦	▦	▦
29	h	▦	▦	▦
30	h?	▦		

Lettres incertaines.

1	▦	gh *Lassen.*
2	▦	dj *Lassen.*
3	▦	gh *Lassen.*

Pendant que M. E. Burnouf s'occupait de rectifier la lecture des inscriptions cunéiformes et d'en déterminer la langue, un autre savant indianiste, M. Lassen, se livrait, à Bonn, à la même étude; et ces deux orientalistes, qu'une communauté de vues avait déjà portés, en 1826, à publier ensemble leur *Essai sur le pali ou langue sacrée de la presqu'île au-delà du Gange*, faisaient imprimer en même temps et séparément, en 1836, les résultats de leurs recherches sur les inscriptions cunéiformes[*]. Ceux auxquels M. Lassen est arrivé diffèrent en quelques points de ceux obtenus par M. E. Burnouf. Voici l'alphabet persépolitain ou cunéiforme selon la lecture et l'arrangement de M. Lassen:

VOYELLES.

▦ a *initial*, ▦ â, ▦ i, ▦ î, ▦ u, ▦ û?

DIPHTHONGUES.

▦ ê, ▦ ô.

CONSONNES.

1. Gutturales. . ▦ k, ▦ kh, ▦ q, ▦ g, ▦ gh.
2. Palatales. . . ▦ tch, ▦ dj.
3. Dentales. . . ▦ t, ▦ th, ▦ d, ▦ dh, ▦ t'.
4. Labiales. . . ▦ p, ▦ f, ▦ b.
5. Nasales . . . ▦ m, ▦ n, ▦ 'm, ▦ n, ▦ ng.
6. Sifflantes . . ▦ ç, ▦ ch, ▦ *ch*, ▦ ζ, th, ▦ z, ▦ h.
7. Semi-voyell. ▦ r, ▦ v *initial*, ▦ w, ▦ y.

On trouvera quelques différences entre l'alphabet de M. E. Burnouf et celui de M. Lassen. Ainsi le n° 5 du premier (i) est lu *w* par le second; le n° 6 (û) est lu *g*; le n° 7 (ô) est lu *i*; le n° 11 (g) est lu *v* lorsqu'il est initial, comme dans le mot *Hystaspe*, que M. Burnouf lit *Ghôchtâçpa* et M. Lassen *Vichtâçpa*. Ce dernier donne encore au n° 22 du premier la valeur du ζ grec, qu'il dit aussi avoir quelquefois la valeur du *j* français; mais ces différences viennent seulement de l'orthographe différente que ces deux savants ont donnée quelquefois aux mêmes mots de l'idiôme représenté par cette écriture.

Une inspection attentive de cette écriture cunéiforme (nous continuerons d'employer ce mot adopté) doit faire reconnaître qu'elle est purement monumentale, et qu'elle ne fut pas employée, avec cette forme, dans l'usage commun de la vie. Ce fait, que rien ne contredit jusqu'ici, une fois admis, voici comment nous concevons l'origine et la formation de cette singulière écriture. Darius, enivré de ses conquêtes, après avoir soumis les Babyloniens révoltés, pris leur ville, dont il fit abattre les murs et les cent portes, subjugué la Thrace, combattu les Scythes, qu'il ne put vaincre dans leurs vastes déserts, envahi l'Inde, et porté ses armes jusqu'à Marathon, crut qu'il ne pouvait pas transmettre à la postérité ses illustres exploits dans l'écriture vulgaire de sa nation. Voulant avoir aussi son écriture sacrée ou royale, comme l'Egypte, qui était une de ses provinces, il crut que la figure de l'arc, de la flèche, armes victorieuses de ses nombreuses armées, devait former l'élément symbolique de son écriture monumentale. Cette base donnée, les *hiérogrammates* de Darius durent combi-

[*] L'ouvrage de M. Lassen est intitulé : *Die Altpersischen Keil-Inschriften von Persepolis*, etc.; Bonn, 1836.

ner cet élément unique, de manière à former des groupes qui eussent quelque analogie avec les lettres de l'écriture vulgaire. Nous pensons que c'est aussi ce qui arriva. En effet, si l'on connaissait l'écriture vulgaire en usage en Perse, à l'époque de Darius, c'est-à-dire 500 ans avant notre ère, on verrait que l'écriture dite cunéiforme fut formée à son imitation. Prenons seulement pour point de comparaison les écritures zende et pehlvie, telles que les manuscrits encore subsistans nous les présentent, et l'écriture phénicienne. Le groupe cunéiforme auquel on a reconnu la valeur d'un *a* bref ▯, est la figure retournée de l'*a* zend et pehlvi * ; je dis *retournée*, l'écriture zende et pehlvie se dirigeant de droite à gauche, et l'écriture cunéiforme se dirigeant, au contraire, de gauche à droite, la direction des traits de chaque caractère a dû être *inverse*. Que l'on retourne la figure cunéiforme dans le sens des écritures zende et pehlvie, on aura ce groupe ▯, qui représente aussi exactement que possible, dans les conditions données de cette écriture, la figure zende et pehlvie ▯ *a*. On y reconnaît aussi le ▯ *a* phénicien et le ▯ ou ▯ *a* sassanide des inscriptions, d'une date, il est vrai, bien postérieure, mais dérivée de la même source. Le groupe ▯ *â* long, dans les noms de *Dárius* et de *Xerxès* (Χάρχᾶς), transcrit en grec par ε et η: Χέρξης, et qui nous paraît avoir la valeur de *hâ* ou *â* aspiré, correspond, pour la forme et la valeur, au phénicien et grec ancien ▯ ou ▯ *h*, un peu retourné, et même au zend et pehlvi ▯ renversé (la loi de formation de l'écriture cunéiforme n'admettant pas la pointe du fer de flèche tournée en haut); le groupe ▯ *i* correspond parfaitement au phénicien ▯ *i*, en le tournant ainsi ▯, et à l'ancien samaritain; le groupe ▯ *k* correspond également au phénicien ▯ ou ▯ (la figure cunéiforme étant retournée pour se lire de gauche à droite); le groupe ▯ *z* (ou l'une des chuintantes *j*, *ch*), est identique au phénicien ▯ ou ▯ *ch*; le groupe ▯ *d*, est aussi le ▯ ou ▯ *d*, phénicien, tourné ainsi ▯; les groupes ▯ *b* et ▯ *m*, sont évidemment les ▯ ▯ *b* et ▯ ou ▯ *m* phéniciens, ainsi retournés ▯ ▯. Nous ne pousserons pas plus loin ce parallèle; les rapprochemens précédens suffisent pour justifier notre théorie.

Une inscription grecque, sur table de bronze, découverte par M. G. Gell, dans des fouilles faites à Olympie, en 1812, et reproduite dans le *Corpus Inscript. Græcor.*, de A. Bœckh, tome I, page 1, n° 11, offre une grande analogie avec l'écriture des inscriptions persépolitaines. Cette écriture de l'inscription grecque est une véritable écriture cunéiforme, parce que c'est un *clou* ou *coin* qui sert à former toutes les figures des lettres dont la ligne droite conique est la base invariable. Seulement, dans l'inscription d'Olympie, l'artiste s'est efforcé avec ses coins ou lignes coniques, de s'approcher le plus possible des formes plus ou moins arrondies des lettres grecques. Ainsi le *a, α,* est figuré ▯, ▯, ▯ ; le *γ, g,* forme un angle rectangle ou aigu ▯, ▯ ; le *x, k,* un angle aigu, ayant à son sommet une ligne droite ▯, ▯ ; le *ε, e,* est ainsi représenté ▯, ▯, par trois saillies à droite;

le *π, p,* a quelque ressemblance avec le *p* persépolitain; ce sont deux lignes ou clous verticaux surmontés d'une ligne horizontale ▯, ▯; le *σ, ς, s,* est ainsi figuré ▯, ▯, etc. On voit que cette écriture ne s'éloigne des formes de l'alphabet que par les différences de la ligne droite brisée à la ligne courbe ou arrondie, et qu'elle repose sur le même principe que l'écriture persépolitaine: la nécessité de figurer des caractères alphabétiques par des lignes droites coniques, qui, avec les lignes simplement droites ou parallèles, forment le caractère général de l'écriture monumentale.

L'écriture dite *cunéiforme* ne fut pas restreinte aux monumens de Persépolis; on en a trouvé dans beaucoup d'autres localités de l'Asie. On sait qu'il existe des inscriptions du même genre à Suze, à Hamadan, l'ancienne Ecbatane (les deux inscriptions expliquées par M. E. Burnouf ont été trouvées près de cette dernière ville, par le docteur Schulz), à Ninive, auprès de Derbend, sur les bords de la rivière *Nahar-Alkeb*, auprès de Béryte, en Phénicie et en Egypte, à *Abou-Kecheïd*, non loin de Suez; partout enfin où s'étendit la domination de Darius et de Xerxès: on en a même trouvé près de la ville de *Van*, en Arménie; dans les montagnes de *Tarkou*, au-delà du Caucase. Toutes les briques et la plupart des petits monumens portatifs qu'on tire des ruines de Babylone offrent des inscriptions du même genre; on en trouve encore sur des cylindres et des pierres gravées qu'on apporte de la Perse. Ces inscriptions sont souvent accompagnées d'autres inscriptions d'écriture différente, quoique formée des mêmes élémens, mais plus compliqués, dont on n'a pas encore découvert la composition.

Nous croyons devoir transcrire ici une partie du résumé donné par M. E. Burnouf, concernant les résultats auxquels il est arrivé, dans son Mémoire précité, afin de faire connaître l'état actuel de la science philologique, relativement au déchiffrement des inscriptions cunéiformes :

« Nous avons montré : 1° en ce qui concerne le système de l'écriture persépolitaine, considérée dans son rapport avec la langue de nos inscriptions, que cette écriture ne représente pas toutes les lettres qui sont étymologiquement nécessaires dans chacun des mots que nous trouvons sur nos monumens. Ce résultat, qui paraît ici pour la première fois, et que nous devons à un nouveau système de lecture, nous a paru annoncer, entre l'écriture cunéiforme et la langue de ces inscriptions, un désaccord marqué. Ce désaccord a été démontré à nos yeux quand nous avons eu constaté que le dialecte des inscriptions persépolitaines appartient à la famille des idiômes indo-persans, dans lesquels l'indication complète et régulière des voyelles est un des besoins de la langue et un des produits de l'écriture. Nous n'avons pas hésité à regarder ce désaccord comme résultant de la lutte de deux systèmes différens; et comme ces deux systèmes existent en Asie sous les noms plus ou moins exacts de *sémitique* et de *japétique*, c'est à leur rencontre que nous avons attribué le peu d'harmonie qui se remarque entre l'écriture et le dialecte de nos inscriptions.

» Nous pouvons donc admettre comme établi le fait que le système d'écriture qui occupe le premier rang sur les monumens de Persépolis est d'origine sémitique, et qu'il a été emprunté à un peuple qui en possédait l'usage par les Perses, qui ne le connaissaient pas auparavant *. L'histoire témoigne du peu de progrès que les Perses avaient faits avant Cyrus, et il ne serait pas surprenant qu'une peuplade grossière et presque barbare, comme on nous les représente, n'eût pas possédé un alphabet qui lui fût propre, avant de

---

* L'analogie est moins frappante avec les caractères gravés qu'avec ces mêmes caractères manuscrits, et avec les formes minuscules qu'avec des formes de même dimension que l'écriture cunéiforme.

* Ceci confirmerait pleinement la théorie que nous avons présentée ci-dessus de la formation de l'écriture persépolitaine.

paraître sur la scène du monde, où son nom était jusqu'a-
lors presque ignoré...

» 2° En ce qui concerne la langue de nos inscriptions,
nous avons montré qu'elle offrait avec le zend les rapports
les plus marqués, et nous avons poursuivi ces rapports,
autant que nous l'a permis l'état des monumens, jusque
dans les détails les plus délicats de la structure des mots...
Nous pouvons donc affirmer positivement que la langue
qui occupe le premier rang sur les inscriptions persépolitaines n'est pas le zend des livres de Zoroastre. Mais nous
pouvons dire, en même temps, que cette langue appartient
à la même souche que le zend, qu'elle s'en rapproche plus
que de l'idiôme des Brahmanes, enfin qu'elle a son caractère propre, que l'on ne peut méconnaître. Ce caractère
nous paraît être celui d'un dialecte dérivé, dont les formes
grammaticales tendent à s'effacer de plus en plus ; c'est,
dans quelques points peu nombreux encore, le commencement du persan moderne...

» 3° Enfin, en ce qui concerne le contenu de nos inscriptions, on a vu que, parmi les résultats obtenus jusqu'à
ce jour, ceux qui pouvaient passer pour très probables ont
été démontrés d'une manière définitive, et qu'à ces résultats sont venus s'en ajouter d'autres en beaucoup plus grand
nombre, et, s'il m'est permis de le dire, beaucoup plus importans. On avait lu quatre noms propres, ceux d'Achémé-
nès, de Gochtâçpa, de Darius et de Xerxès; on avait dé-
chiffré un seul titre et obtenu, d'une manière purement
conjecturale, le sens de quelques mots dans l'inscription de
Corneille Lebrun. Nous avons expliqué complétement les
deux inscriptions de l'Alvande, quoique ces inscriptions
ne fussent accompagnées d'aucune traduction, et que rien
ne pût même en faire soupçonner le sens...; »

Quand on considère les progrès que les études orientales
ont faits depuis que la grande révolution française est venue
ébranler le monde et l'arracher comme à un profond en-
gourdissement, en jetant dans les âmes une immense fièvre
de toutes les conquêtes qui peuvent tenter l'esprit humain
et de toutes les découvertes qui peuvent honorer son génie,
on doit s'étonner de ce que les siècles passés, héritiers plus
directs de l'antiquité orientale et occidentale, aient légué
tant d'énigmes philologiques et historiques aux siècles à
venir. Il était réservé au dix-neuvième siècle de scruter les
régions les plus inconnues des temps passés, et de recon-
quérir l'intelligence si long-temps perdue de ces grands
monumens séculaires de l'Afrique et de l'Asie, que le temps
avait transmis avec ses ruines aux générations futures
comme un éternel défi.

§ 9. *Langues ariennes.* — *Alphabet sanskrit.*

Nous voici arrivés à l'alphabet le plus parfait des langues
connues. Loin de porter, comme les alphabets des langues
sémitiques, l'empreinte d'une pénible et lente invention,
encore embarrassée dans les liens des caractères figuratifs,
il semble avoir été conçu et formé par la plus haute intelligence philosophique et analytique qui ait encore paru dans
le monde. Aussi, comme nous l'avons déjà dit au commencement de cet article, les Indiens prétendent qu'il a été
révélé par les dieux, et ils ont donné à une forme spéciale
de leur écriture le nom de *dévanâgari*, écriture des dieux.
C'est dans cette forme de caractères, forme très ancienne,
que sont écrits le plus grand nombre des ouvrages de la
littérature sanskrite. Cet alphabet, dont la nature est absolument différente des alphabets sémitiques, a donné naissance à tous ceux qui ont cours dans les deux presqu'îles de
l'Inde, à ceux du Thibet et de l'île de Ceylan, nommé *cin-
ghalais*. Sa direction est, comme celle des écritures européennes, de gauche à droite, tandis que celle des alphabets
sémitiques est essentiellement de droite à gauche. Contrai-
rement à ceux-ci, il possède des signes spéciaux pour représenter les voyelles et les diphthongues, qui sont au nombre
de quatorze; les consonnes s'élèvent à trente-quatre : en
tout quarante-huit signes distincts qui forment le système
le plus complet et le plus régulier de lettres alphabétiques
que l'on ait encore inventé. On a déjà pu admirer l'excel-
lente méthode qui a présidé à leur arrangement, dans la
transcription des sons alphabétiques de la langue éthio-
pienne et dans l'alphabet persépolitain que nous avons donné
ci-dessus. Dans ce système, œuvre des anciens grammairiens indiens, dont la plupart des ouvrages existent encore,
et qui étonnent par la profondeur de l'analyse abstraite qui
a présidé à leur composition, tous les organes de la parole
ont été représentés méthodiquement : chaque voyelle brève
a sa longue correspondante, représentée par un signe différent ou modifié; chaque diphthongue simple a sa diphthongue correspondante, plus complexe. Chaque ordre de
consonnes a sa ténue et son aspirée, ses sourdes et ses sonores, ainsi que sa nasale propre. Enfin, chaque articulation principale est représentée avec ses principales nuances.
En voici le tableau complet :

FORMES ET VALEURS ALPHABÉTIQUES

DE L'ÉCRITURE SANSKRITE ACTUELLE,

CLASSÉE SELON LE SYSTÈME INDIEN.

VOYELLES SIMPLES.

Brèves.................................	अ ă.	इ ĭ.	उ ŭ (ou).	ऋ rĭ.	ऌ lrĭ.
Longues...............................	आ ā.	ई ī.	ऊ ū.	ॠ rī.	ॡ lrī.

DIPHTHONGUES.

ए e.	ऐ ai, ê.	ओ ô.	औ au.

CONSONNES.

	Fortes.	Aspirées.	Ténues.	Aspirées.	Nasales.
1er *Ordre.* Gutturales............	क ka.	ख kha.	ग ga.	घ ghâ.	ङ nga.
2e ——— Palatales..............	च tcha.	छ tchha.	ज dja.	झ djha.	ञ ña.
3e ——— Linguales ou cérébrales...	ट t'a.	ठ t'ha.	ड d'a.	ढ d'ha.	ण n'a.
4e ——— Dentales..............	त ta.	थ tha.	द da.	ध dha.	न na.
5e ——— Labiales..............	प pa.	फ pha.	ब ba.	भ bha.	म ma.
6e ——— Semi-voyelles...........	य ya.	र ra.	ल la.	व va.	"
7e ——— Sifflantes.............	श s'a.	ष cha.	स sa.	ह ha.	ळ lra.

Nous n'entrerons ici dans aucun détail sur la manière dont ces signes se groupent entre eux dans la formation des mots ; cette tâche est du ressort de la grammaire. Nous ferons remarquer seulement que chaque signe consonnant s'articule avec la voyelle brève *a*, comme si cette voyelle lui était inhérente ; ce qui a également lieu dans la lecture des mots, lorsqu'aucune autre voyelle n'adhère immédiatement à la consonne, ou lorsque le signe quiescent, nommé *virama*, ne lui est pas appliqué. Chaque lettre, chez les grammairiens indiens, est suivie du mot *kâra* dans l'épellation : ainsi, par exemple, *a-kâra* signifie le signe qui produit le son *a; ka-kâra*, qui produit le son *ka*, et ainsi de suite.

Il y a peu d'articulations européennes qui ne soient représentées dans cet alphabet sanskrit, tandis qu'au contraire il en renferme beaucoup qui nous sont inconnues, comme toute la classe des *linguales* ou *cérébrales*. Les articulations que cette classe de consonnes représente sont particulières aux organes indiens, et, ainsi que nous l'avons déjà observé, ne paraissent pas avoir appartenu à la langue sanskrite primitive, importée dans l'Inde à une époque très reculée, parce qu'on ne les rencontre que dans un petit nombre de mots. Cet alphabet nous semble représenter avec beaucoup d'exactitude presque toutes les articulations de la parole humaine, que l'on peut figurer sans tomber dans une confusion que la représentation d'un plus grand nombre de nuances occasionnerait nécessairement. S'il fallait reproduire par un signe distinct toutes les nuances de l'échelle vocale, en commençant par l'*a*, son le plus ouvert, jusqu'à l'*u* français, son le plus fermé de cette échelle, ainsi que toutes les nuances des organes consonnans, il faudrait des séries infinies de signes distincts que l'on serait obligé de modifier sans cesse ; car non seulement chaque race d'hommes, chaque peuple, ont des articulations particulières, mais même chaque individu, et la prononciation des mots d'une langue change sensiblement tous les siècles. On n'arrivera jamais à fixer les articulations d'une langue parlée aussi rigoureusement que l'on fixe par la notation les sons d'un instrument, ou ceux de la voix humaine dans le chant. Une perfection exagérée dans un alphabet est donc une chimère. Mais cependant les imperfections grossières

de nos alphabets européens, qui semblent un assemblage de lettres dû au hasard, n'autorise pas certains écrivains à dire que « tous les alphabets, sans aucune exception, sont » stupides, sont la chose du monde la plus sotte ; » car il a fallu assurément au moins autant d'esprit pour les inventer que pour les trouver mauvais.

On n'a aucune donnée positive sur l'époque de l'invention de l'écriture sanskrite. Les inscriptions découvertes dans l'Inde, et dont les caractères diffèrent très peu de ceux d'aujourd'hui (comme ceux de la colonne d'*Allahabad* en l'honneur de *Tchandra-Goupta**, le *Sandrocottus* d'Arrien, auquel *Seleucus Nicator* envoya un ambassadeur, 315 ans avant notre ère (voyez aussi *Justin*, l. XV, ch. 4), prouvent qu'il était déjà connu bien avant notre ère. Cependant c'est plus particulièrement dans le nord de l'Inde que la langue sanskrite et l'alphabet *dévanâgari* ont été en usage depuis un temps immémorial ; car les inscriptions découvertes dans le sud de l'Inde, et les différens idiômes qui y sont parlés, ont très peu d'affinité avec les caractères *dévanâgaris* et la langue sanskrite ; ce qui confirmerait l'opinion que nous avons déjà émise de l'importation de la langue sanskrite dans l'Inde, à une époque très reculée, par des conquérans qui établirent les différentes castes du peuple hindou, c'est-à-dire celles des vainqueurs et des vaincus. L'absence complète des consonnes aspirées dans le *Tamoul* (idiôme de la côte du Malabar et des possessions françaises de l'Inde), et la fréquence de ces mêmes consonnes dans le sanskrit, démontrent une autre loi très importante, et qui n'a pas encore été posée : c'est que « tout idiôme qui n'a » point d'aspirées doit naître et se développer dans une » région voisine de l'équateur, ou qui en ressente toutes » les influences ; tandis que tout idiôme qui a beaucoup » d'aspirées doit naître et se développer dans des régions

---

* C'est une question qui n'est pas encore tout-à-fait résolue, de savoir si le *Tchandra-Goupta* de l'inscription d'Allahabad et des monnaies indiennes récemment découvertes (voyez le *Journal of the Asiatic Society of Bengal*, publié à Calcutta ; juin et juillet 1834 ; juin, novembre et décembre 1835) est le même personnage que Sandrocottus, ou si ce n'est pas le Tchandra-Goupta de la dynastie Rathore de Kanoudje, qui régna dans le sixième ou le septième siècle de notre ère.

» tempérées, comme tout idiôme où les gutturales domi-
» nent doit naître et se développer dans des régions voisi-
» nes des pôles ; de sorte que la latitude d'un peuple étant
» donnée, on peut en conclure la nature de son idiôme ;
» comme, un idiôme étant donné, on peut aussi en con-
» clure la latitude du peuple qui le parle ou l'a parlé. »

On peut aussi poser cette loi que : « dans les régions équa-
» toriales les voyelles ouvertes ou sonores dominent, tan-
» dis que dans les régions polaires ce sont les voyelles fer-
» mées ou sourdes, et dans les régions tempérées, les
» voyelles intermédiaires ; dans les premières elles sont
» fréquentes ; dans les secondes elles sont rares : de sorte
» que l'échelle vocale peut servir à déterminer la région à
» laquelle appartient une langue donnée. »

Des exemples nombreux et frappans de cette dernière loi
s'observent dans les mots européens dérivés du sanskrit
par des voies intermédiaires. Ainsi *ddnam*, en sanskrit,
fait en zend *datem*, en grec δωρον, *doron*, en latin *donum*,
en français *don*, en gothique *daur'* ; *bhrdtd*, en sanskrit,
fait en zend *brdtd*, en latin *frater*, en français *frére*, en gothique *bróthar* et *bróthr*, en allemand *bruder*.

§ 10. *Écriture thibétaine.*

L'écriture thibétaine paraît dériver immédiatement de
la précédente, et elle est très moderne comparativement
à la première, puisqu'elle n'a été introduite au Thibet, avec
le bouddhisme, que dans le commencement du septième
siècle de notre ère. Elle présente une ressemblance frappante avec les anciennes inscriptions sanskrites de *Bouddha-
gdya*, ce qui ferait supposer que les Bouddhistes, avant
leur expulsion de l'Inde en-deçà du Gange, se servaient
de cet alphabet de préférence à celui connu aujourd'hui
sous le nom de *dévandgari*, plus spécialement employé par
les Brâhmanes. La direction de l'écriture thibétaine va de
gauche à droite, comme toutes celles du système indien.

VOYELLES SIMPLES.

a.	i.	ou.	rĭ.	irĭ.
â.	î.	où.	rî.	irî.

DIPHTHONGUES.

ê.	ai.	ô.	au.	am.	ah.

CONSONNES.

1er *ordre.* Gutturales.......	ka.	kha.	ga.	gha.	nga.
2e — Palatales.........	tcha.	tchha.	dja.	djha.	ña.
3e — Cérébrales.......	t'a.	t'ha.	d'a.	d'ha.	n'a.
4e — Dentales........	ta.	tha.	da.	dha.	na.
5e — Labiales........	pa.	pha.	ba.	bha.	ma.

6° —— Semi-voyelles.....	ya.	ra.	la.	va.	'
7° —— Sifflantes........	s'a.	cha.	sa.	ha.	â.

Il faut observer que le troisième ordre de consonnes tout entier n'a été ajouté à l'alphabet propre à la langue thibétaine que pour la transcription du sanskrit, et qu'il ne présente aucune articulation de la première. Il en est de même de plusieurs consonnes, telles que les ténues des cinq premiers ordres. Ce qui confirme complétement les lois que nous avons posées ci-dessus.

§ 11. *Alphabet pali-cinghalais.*

L'alphabet *pali* est encore un alphabet indien dérivé du sanskrit, et avec lequel sont écrits les livres lithurgiques des Bouddhistes qui couvrent la presqu'île au-delà du Gange. Le pali est la langue sacrée des habitans de l'empire birman, du royaume de Siam, etc. Cet alphabet prend différentes formes, selon le peuple chez lequel il est employé. Le caractère usité chez les Birmans est carré; celui qui est en usage chez les Siamois, et que nous donnons ici, est rond ou de forme presque complétement sphérique, et il est à peu près identique au caractère de la langue birmane, ce qui nous dispensera de donner ce dernier. On ignore l'époque précise à laquelle remonte l'origine de l'alphabet pali.

VOYELLES.

â	i.	î	u	û	é	o	m

CONSONNES.

1ᵉʳ *ordre.* Gutturales........	ka.	kha.	ga.	gha.	nga.
2ᵉ —— Palatales........	tcha.	tchha.	dja.	djha.	ña.
3ᵉ —— Cérébrales.......	t'a.	t'ha.	d'a.	d'ha.	n'a.
4ᵉ —— Dentales........	ta.	tha.	da.	dha.	na.
5ᵉ —— Labiales........	pa.	p'ha.	ba.	b'ba.	ma.
6ᵉ —— Semi-voyelles.....	ya.	ra.	la.	va.	
7° —— Sifflantes........	s'a.	cha.	sa.	ha.	

On remarquera que les lettres de cet alphabet, comme celles des alphabets sanskrit, thibétain, éthiopien, etc., s'articulent toutes en *a* bref, lorsqu'aucune autre voyelle ne leur est inhérente.

§ 12. *Écritures zende et pehlvie.*

L'écriture zende est celle avec laquelle sont écrits actuellement les livres zends de Zoroastre, ancien législateur des Perses. Ce fut le vénérable Anquetil Duperron (voyez ce mot) qui le premier, par sa traduction de ces livres de Zoroastre, la fit connaître à l'Europe. Mais comme Anquetil ne connaissait que très imparfaitement la langue zende, et que sa traduction des ouvrages de Zoroastre avait été principalement faite sur une version persane orale ou écrite, il restait à déterminer d'une manière précise, et la valeur de chaque caractère de l'écriture zende analysée, et la signification également précise des mots de la langue zende dans tous leurs rapports grammaticaux; c'est ce qu'a fait M. E. Burnouf avec beaucoup d'intelligence et de savoir dans son *Commentaire sur le Yaçna.* Comme l'alphabet zend donné ci-dessus avec l'alphabet *cunéiforme* est incomplet, nous allons le présenter ici tel qu'il a été fixé par M. E. Burnouf dans l'ouvrage précité.

ALPHABET ZEND

DISPOSÉ MÉTHODIQUEMENT SELON L'ORDRE DE L'ALPHABET SANSKRIT.

VOYELLES SIMPLES.

Brèves...............	a.	i.	u.	e.	o.
Longues...............	â.	î.	û.	ê.	

DIPHTHONGUES.

ê.	ô.	aô.	â.

CONSONNES.

1ᵉʳ *ordre*. Gutturales.......	k.	kh, q.	g.	z.	ñ.
2ᵉ ——— Palatales........	tch.	dj.	j.	dh.	n.
3ᵉ ——— Dentales........	t.	ṭ.	d.		m.
4ᵉ ——— Labiales........	p.	f.	b.	w.	
5ᵉ ——— Semi-voyelles.....	y.	r.	v.	h.	hm.
6ᵉ ——— Sifflantes........	s' ou ç.	ch.	s.	gh.	ng.

La classe des linguales ou cérébrales, que nous n'avons trouvée qu'en sanskrit, manque dans cet alphabet comme dans toutes les autres langues ariennes, qui tiennent de plus ou moins près à l'ancien idiôme des Brâhmanes. Ce fait et celui d'un alphabet essentiellement différent de l'alphabet sanskrit (puisqu'il s'écrit de droite à gauche comme les langues sémitiques, tandis que le dernier s'écrit de gauche à droite comme les langues européennes), prouvent que la séparation de l'idiôme zend et de l'idiôme sanskrit, quoique à peu près identiques pour le fond et la forme des mots, a dû avoir lieu à une époque reculée où l'alphabet sanskrit n'était pas encore inventé ; ou bien qu'à une époque également indéterminée la substitution de l'alphabet zend actuel à un alphabet de nature arienne, c'est-à-dire de nature *indo-bactrienne*, a eu lieu par suite d'une conquête ou de tout autre moyen violent, ce qui serait assez probable, et ce que confirmerait l'inaptitude bien palpable de l'alphabet zend actuel pour exprimer avec précision les articulations des mots zend. D'ailleurs la direction de droite à gauche de cet alphabet donne à cette dernière opinion une espèce de certitude. La même direction de l'écriture persane moderne, au lieu de la détruire, ne fait que la corroborer, puisque c'est aussi une importation de la conquête arabe.

L'écriture de la langue pehlvie n'est pas encore assez déterminée, et cette langue n'est pas assez connue, pour en donner l'alphabet complet, qui a été formé sur l'alphabet zend, avec les modifications nécessitées par la nature de la langue.

§ 15. *Alphabets mongol et mandchou.*

De ces deux alphabets le plus ancien est le mongol, sur lequel a été formé le mandchou. L'alphabet mongol tire son origine des alphabets syriaques, le sabéen et l'estranghélo, importés dans la Tartarie par des chrétiens de Syrie, à une époque indéterminée. Néanmoins, ces deux alphabets mongol et mandchou ont conservé un élément tartare-chinois, en ce que leurs caractères s'écrivent en lignes verticales, au lieu de s'écrire en lignes horizontales de droite à gauche, comme les écritures sémitiques. La formation de l'alphabet mandchou ne date que du commencement du dix-septième siècle de notre ère. Ce fut, dit-on, un Mandchou nommé Takhaï, qui, dès l'âge de neuf ans, avait lu les ouvrages chinois et mongols les plus célèbres, qui fut chargé, avec une commission d'autres savans, par le premier empereur tartare mandchou de la Chine, de composer un alphabet tartare-mandchou sur le modèle de l'alphabet mongol. A ce jeune polyglotte mandchou Takhaï fut confiée la rédaction du travail de cette commission. En examinant ce travail on voit qu'il a été assez simple. On a ajouté à quelques lettres mongoles, pour en multiplier le nombre et pour rendre quelques articulations particulières à la langue mandchoue, quelques traits qui laissent facilement distinguer leur origine, surtout lorsqu'elles sont médiales. Ainsi, par exemple, le *sa* mongol avec un petit trait de plus, se prononce *cha* en mandchou ; un point ajouté aux lettres aspirées les rend douces ; une espèce de cédille placée à côté d'une lettre la rend gutturale, comme on peut le voir par le tableau suivant.

TABLEAU
DES ALPHABETS MONGOL ET MANDCHOU.

Mongol.	Mandchou.	Valeurs.	Mongol.	Mandchou.	Valeurs.
—	—	A.	—	—	TCH.
—	—	E.	—	—	DJ.
—	—	I.	—	—	Y.
—	—	O.	—	—	K. }
—	—	OU.	—	—	G. } Devant e, i, ou.
—	—	O ou U.	—	—	KH. }
—	—	OU.	—	—	K. }
—	—	N.	—	—	G. } Devant a, e.
—	—	K. }	—	—	KH. }
—	—	G. } Devant a, o, ou.	—	—	R.
—	—	KH. }	—	—	F.
—	—	P.	—	—	W.
—	—	PH.	—	—	TS.
—	—	S.	—	—	DZ.
—	—	CH	—	—	J.
—	—	T.	—	—	SS.
—	—	D.	—	—	TS.
—	—	L.	—	—	DZ.
—	—	M.			

DIPHTHONGUES.

—	—	—	—	—
AO.	AI.	EI.	II.	OI, OUI.

Nous n'avons donné, dans ce tableau, que les formes initiales des lettres ; celles-ci subissent de légères modifications selon qu'elles sont médiales, finales, ou isolées ; ces modifications sont, dans le mandchou, lorsque les lettres sont isolées, l'addition à la partie inférieure du trait : — et quelquefois : — ; lorsqu'elles sont médiales, elles perdent leurs traits supérieur et inférieur, et enfin lorsqu'elles sont finales, elles ne conservent que le trait inférieur et une partie suffisante du trait médial, pour les faire reconnaître.

La langue et l'écriture tartares-mandchoues sont employées concurremment avec l'écriture chinoise par l'empereur de la Chine, de la dynastie tartare-mandchoue actuellement régnante, pour tous les actes publics. Une partie des plus célèbres ouvrages chinois, comme les *King* ou *Livres canoniques*, et les *Sse-chou* ou *Quatre livres classiques* des philosophes KHOUNG-TSEU et MENG-TSEU, ont été traduits en mandchou par ordre des empereurs chinois.

§ 14. *Alphabets arménien et géorgien.*

Ces deux alphabets furent inventés ou composés par un homme célèbre de l'Arménie, nommé Mesrob, dans le commencement du cinquième siècle de notre ère. Le premier se compose de trente-huit lettres, et le second d'un pareil nombre, lesquelles s'écrivent de gauche à droite. Nous allons les réunir dans le tableau suivant.

TABLEAU
DES ALPHABETS ARMÉNIEN ET GÉORGIEN, — FORMES MINUSCULES.

ARMÉNIEN.		GÉORGIEN.	
Lettres.	Valeurs.	Lettres.	Valeurs.
ա	A.	ა	A.
բ	P, B.	ბ	B.
գ	K faible.	გ	G.
դ	T, D.	დ	D.
ե	E, IE.	ე	E.
զ	Z.	ვ	V, W.
է	É.	ზ	Z.
ը	E muet.	ჱ	E.
թ	T fort.	თ	TH
ժ	J.	ი	I.
ի	I.	კ	K.
լ	L.	ლ	L.
խ	KH.	მ	M.
ծ	DZ.	ნ	N.
կ	G, GH.	ჲ	IE.
հ	H.	ო	O.
ձ	TS.	პ	P.
ղ	GH.	ჟ	J.
ճ	DJH.	რ	R.
մ	M.	ს	S.
յ	H, I.	ტ	T.
ն	N.	უ	OU.
շ	CH.	ჳ	VIE.
ո	O.	ფ	P.
չ	TCH.	ქ	K doux.
պ	B.	ღ	GH.
ջ	DJ.	ყ	Q.
ռ	R fort.	შ	CH.
ս	SS.	ჩ	TCH.
վ	V.	ც	TS.
տ	D.	ძ	DZ.
ր	R faible.	წ	THS.
ց	TSS.	ჭ	TCH.
ւ, ի	V, U, Y.	ხ	KH.
փ	P fort.	ჴ	H'.
ք	K fort.	ჯ	DJ.
օ	O.	ჰ	H.
ֆ	F, PH.	ჵ	HOE.

Quelques philosophes observateurs on[t] cru trouver dans les formes et les traits plus ou moins lourds, plus ou moins dégagés de l'écriture, des indices certains du caractère de la personne qui l'a tracée; en généralisant le principe sur lequel leurs observations ont été fondées, on pourrait, à l'aide des différentes écritures des peuples, établir une véritable science physiognomonique des caractères des peuples, basée sur leurs caractères graphiques. Et en effet, de même qu'une écriture légère, déliée, belle et régulière, dénote généralement un caractère doué de ces qualités, comme une écriture lourde, épaisse, vilaine, irrégulière, dénote aussi généralement un caractère doué de ces mêmes qualités, ainsi les caractères alphabétiques d'un peuple qui seront lourds, épais, et dans lesquels les lignes droites et les angles domineront, seront des indices à peu près certains que ce peuple participera à toutes les qualités que ces caractères indiquent, Il conservera dans ses habitudes, dans ses mœurs, dans ses croyances, cette stabilité, cette invariabilité, cette immobilité de l'angle et de la ligne droite, et l'épaisseur des traits dénotera encore l'ampleur de toutes ces qualités. En effet, les écritures figuratives et monumentales des Égyptiens et des Chinois ne participent-elles pas du caractère indélébile et compassé de ces peuples, dont l'un en est un vivant témoignage? L'écriture sanskrite accuse également, avec ses lignes droites et lourdes, un caractère profondément attaché à ses institutions et à ses croyances; comme l'écriture hébraïque indique, par la même raison, un semblable caractère dans le peuple qui l'emploie. Ne reconnaît-on pas dans l'écriture persane (dans la forme *thálik* surtout, qui comporte le plus haut degré d'élégance) et dans l'écriture géorgienne aux formes arrondies, le caractère propre aux peuples qui en font usage? L'homme porte dans tout l'empreinte de son caractère, comme les peuples celle de leur individualité.

[*Nota*. L'auteur de l'article qui précède s'était arrêté ici, lorsque, il y a environ quatre ans, il l'avait rédigé pour le mot *Alphabet*; ses études, dirigées principalement vers les langues orientales, lui avaient fait désirer de laisser à une autre personne la partie qui concernait les *alphabets* occidentaux. Il avait confié ce travail à un de ses amis, mort avant le temps (M. G. Fallot), qui s'en était acquitté avec beaucoup de savoir. C'est donc à lui qu'appartient ce qui suit, moins le commencement, dont le manuscrit a été perdu. G. P.]

§ 15. ÉCRITURE OCCIDENTALE.

Nous avons déjà suffisamment démontré que l'écriture phénicienne, dérivée immédiatement de l'écriture démotique des Égyptiens, avait donné naissance à la plupart des écritures de l'ancien monde. Cette écriture fut apportée en Grèce par Cadmus, Phénicien de nation.

> Phœnices primi famæ si creditur ausi
> Mansuram rudibus vocem signare figuris.
> 　　　　LUCAIN, *Phars.*, l. I.

C'est cette écriture que l'on nomme écriture pélasgique (πελασγικα γραμματα), du nom de la première peuplade qui en fit usage, et qui la porta en Grèce et dans l'Etrurie avec ses propres colonies; on peut voir l'histoire de ces Pélasges dans Denys d'Halicarnasse. Cependant les opinions sont partagées à ce sujet. Tacite, que nous avons déjà cité, rapporte que, selon certains écrivains, l'Athénien Cécrops, ou le Thébain nommé Linus, et l'Argien Palamède, du temps de la guerre de Troie, trouvèrent seize lettres de l'alphabet grec *; et pourtant le même historien attribue à Cadmus

l'importation des arts en Grèce *? Il dit aussi ** qu'Evandre et Démarate enseignèrent les lettres aux Aborigènes et aux Etrusques, qui, aidés par les Pélasges et par d'autres Grecs, chassèrent du Latium, suivant Denys d'Halicarnasse ***, les Sicules, qui passaient pour en avoir été les premiers habitans. Il ajoute que l'ancienne écriture latine ou les anciennes lettres latines ressemblaient aux anciennes lettres grecques; ce qui est confirmé par les faits, c'est-à-dire par les inscriptions et les médailles découvertes en Grèce et en Italie.

La découverte des Tables eugubines et des anciennes inscriptions autorise donc à dire que l'alphabet phénicien, propagé par les tribus pélasgiques, a été la souche primitive de tous les alphabets grecs et latins qui en sont dérivés; que les monumens les plus purs de cet alphabet se sont trouvés en Italie; qu'il paraît avoir été commun, à quelques différences près, entre toutes les peuplades qui habitaient cette contrée et que plus tard la république romaine absorba dans son unité; qu'enfin l'écriture latine, telle qu'on la trouve figurée dans l'inscription de la colonne rostrale et depuis, est restée plus voisine de l'écriture pélasgique que l'écriture grecque des beaux siècles d'Athènes et d'Alexandrie.

C'est donc bien à tort qu'après avoir établi que l'alphabet grec était dérivé de l'ancien alphabet phénicien, tel qu'il était usité vers 1500 ans avant J.-C., on a dit et répété que l'alphabet latin était emprunté du grec : il fallait dire, pour être exact, que les écritures latine et grecque étaient des modifications locales d'une ancienne écriture commune aux deux contrées et dite pélasgique, et que cette écriture pélasgique était dérivée de l'alphabet phénicien.

Si, comme nous venons de le dire, l'alphabet phénico-pélasgique a éprouvé en Italie moins de variations que dans la Grèce, ce fait ne doit peut-être être expliqué que par l'usage moins général de l'écriture en Italie qu'en Grèce dans les temps reculés, et peut-être aussi par le caractère particulier des habitans de ces deux contrées : les populations italiques ont eu notoirement l'esprit moins inventif et moins mobile que les Grecs. Ainsi l'on peut regarder à peu près comme établi, que les Grecs reçurent, vers le seizième siècle avant J.-C., l'écriture alphabétique des Phéniciens; qu'eux-mêmes la portèrent en Italie, lorsqu'ils ne lui avaient fait subir encore que des modifications légères; qu'elle se répandit chez toutes les populations du continent italique; qu'elle y est restée constamment plus rapprochée de son origine et y a subi moins de modifications que dans la Grèce.

L'une des choses qui frappent d'abord, lorsqu'on examine les inscriptions en caractères pélasgiques, c'est l'incertitude de la direction de cette écriture et du sens dans lequel elle est tracée : commençant tantôt de droite à gauche, tantôt de gauche à droite, et ces deux directions entremêlées le plus souvent sans aucune fixité. Quelle cause assigner à cette capricieuse bizarrerie? Les anciennes écritures sémitiques procèdent invariablement de droite à gauche, et il ne nous semble guère possible de supposer qu'à l'époque où les Phéniciens donnèrent leur alphabet aux Pélasges, la direction de leur écriture n'était pas encore bien déterminée. Les Grecs, confondant ainsi la direction des écritures indiennes avec la forme des caractères sémitiques, et revenant plus tard, après de longues hésitations, à l'habitude d'écrire de gauche à droite, auraient-ils obéi, sans s'en rendre compte, au souvenir confus de l'usage de leur mère-patrie? faudrait-il en conclure que lorsqu'ils quittèrent le centre de l'Asie, l'alphabet y était connu, et qu'ils avaient conservé, sinon les caractères d'écriture, au moins quelque impression vague

---

* « Quidam Cecropem Atheniensem, vel Linum Thebanum, et temporibus Trojanis Palamedem, Argivum, memorant, sexdecim litterarum formas — reperisse. (L. xi, ch. 14.) »

* « Quippe fama est, Cadmum, classe Phœnicum vectum, rudibus adhuc Græcorum populis artis ejus auctorem fuisse. (*Id.*) »
** *Id.*, l. xi, c. 4.
*** *Id.*, l. i.

de la manière d'écrire usitée par leurs ayeux et quelque prédisposition secrète à l'imiter?

Nous donnons, en prenant pour point de départ l'alphabet phénicien, une série de caractères alphabétiques recueillis dans les inscriptions les plus anciennes et les plus authentiques de la Grèce et de l'Italie *. Nous suivons autant que possible, dans la disposition de ces alphabets, l'ordre chronologique; nous en terminons la série par les alphabets latin et grec, tels qu'ils se sont fixés et sont restés en usage jusqu'à nos jours; de cette manière le lecteur pourra suivre leur dérivation et leurs variations successives pendant près de dix siècles : car leur premier emploi remonte à peu près à 1500 ans avant l'ère vulgaire, et l'époque de leur fixation ne peut guère être reculée au-delà du cinquième siècle avant J.-C.

Quant aux variations qu'ont subies les écritures grecque et latine depuis cette dernière époque jusqu'à nos jours, les monumens en sont nombreux; nous croyons inutile d'en retracer ici l'histoire.

Nous terminerons en essayant, pour la première fois à notre connaissance, de soumettre l'alphabet grec et l'alphabet latin au système de classification rationnelle adopté par les grammairiens indous pour la disposition de l'alphabet sanskrit, tel qu'on le trouve dans la première partie de cet article qui nous a servi de guide. Cette méthode fournit un moyen commode et nouveau pour la comparaison de la richesse et de la pauvreté des langues, quant aux sons qu'elles possèdent.

ALPHABET GREC
DISPOSÉ D'APRÈS LE SYSTÈME DE CLASSIFICATION MÉTHODIQUE DE L'ALPHABET SANSKRIT.

VOYELLES SIMPLES.

$$\alpha - \varepsilon - \eta - \iota - o - \omega - \upsilon$$

DIPHTHONGUES.

$$\alpha\iota - \alpha\upsilon - \varepsilon\iota - \varepsilon\upsilon - \eta\upsilon - o\iota - o\upsilon - \omega\upsilon - \upsilon\iota$$

CONSONNES.

1ᵉʳ *ordre.* Gutturales......	γ	$\varkappa$	χ
2ᵉ ——— Palatales........	//	ζ	θ
3ᵉ ——— Linguales......	//	//	//
4ᵉ ——— Dentales........	δ	τ	//
5ᵉ ——— Labiales........	β	π	φ
6ᵉ ——— Semi-voyelles....	ρ	λ	υ	μ	ν
7ᵉ ——— Sifflantes.......	σ	ξ	ψ

A ces vingt-quatre signes simples représentant des sons et des articulations également simples, il faut joindre au moins celui de l'esprit rude ('), qui représente une aspiration, aujourd'hui peu sensible, mais qui autrefois l'était bien davantage. Elle était alors représentée par le signe F, appelé *digamma*, et la plupart des mots grecs dont l'initiale était affectée de ce signe se retrouvent en latin avec l'initiale *f* ou *v*; aussi est-il resté dans cette langue, d'où il a passé dans les nôtres, pour y marquer ce son de *f* ou *p* aspiré.

ALPHABET LATIN
DISPOSÉ D'APRÈS LE MÊME SYSTÈME.

VOYELLES SIMPLES.

a e i o u y

DIPHTHONGUES.

æ ai au ei eu œ oi ou ui yi

* La difficulté de graver correctement sur bois tous ces alphabets les a fait supprimer.

CONSONNES.

1. Gutturales......	c	g	ch	q	
2. Palatales........	»	z	»		
3. Linguales........	»	»	»		
4. Dentales........	d	t	»		
5. Labiales........	b	p	f		
6. Semi-vocales.....	r	l	v	m	n	j
7. Sifflantes.......	s	x	»		

Et enfin l'aspirative, h

Ces tableaux demandent quelques courtes explications. Tous les signes de l'alphabet grec représentent, sinon des articulations absolument simples, au moins des associations si coulantes et si naturelles (ζ, ψ, ξ), que le son double dont elles sont composées paraît se fondre en un seul; mais cet alphabet n'a point de signes propres pour des sons non moins simples, $\alpha\iota$, $\alpha\upsilon$, $\varepsilon\iota$, $\varepsilon\upsilon$, $o\iota$, qu'on appelle diphthongues par une confusion de langage, appliquant au son vocal une duplicité qui n'existe que dans la représentation graphique. Comme je voulais noter, plutôt les sons simples ou les alliances des sons qui se marient et se fondent comme simples, que les caractères de la langue grecque, j'ai représenté les diphthongues, quoiqu'elles n'aient point de signes simples dans l'alphabet. Il en est de même pour le latin.

Dans les deux alphabets j'ai rangé les voyelles d'après l'ordre qui leur est communément assigné. Les consonnes sont disposées dans la progression du faible au fort et à l'aspirée, ce qui ne répond point à la classification sanskrite et en est même en quelque sorte l'inverse; mais tout autre arrangement eût jeté dans l'alphabet une confusion inextricable ou bien eût exigé de longues explications.

En grec le signe υ représente tantôt notre sou *u*, l'*ue* des Allemands tenant plus encore de l'*u* que de l'*u*, tantôt le son de notre *v* fortement articulé ou même le son de notre *f*. Le son *v* paraît avoir été celui que l'*u* représentait le plus fréquemment dans le grec ancien, et il en est de même encore dans le grec moderne : j'ai donc écrit ce signe à la fois parmi les voyelles, pour sa valeur d'*u*, d'*i*, *ui*, et parmi les consonnes semi-voyelles, pour sa valeur de *v* ou d'*f*.

J'ai quelques doutes sur la place du ζ; il représente le son *ds* ou simplement *z* de notre alphabet, et je ne l'ai mis parmi les palatales que pour y correspondre au *tch* du sanskrit, avec lequel il n'a d'ailleurs que bien peu de rapports.

Quant à la place du δ, celle que je lui assigne me semble indubitable.

En rangeant μ, ν, parmi les consonnes semi-vocales, je n'ai fait que suivre les grammairiens grecs qui font de ces lettres des liquides, et maintenir leur place naturelle à côté du ρ et du λ.

Les lettres à son double ξ, ψ, m'ont paru devoir être placées parmi les sifflantes, parce que le son final du σ est certainement celui qui y domine. Mais je crois que le ξ, considéré aussi par les grammairiens grecs comme lettre à son double, pourrait se ranger parmi les sifflantes, plutôt encore peut-être que parmi les palatales où j'ai hasardé de le placer.

Dans l'alphabet latin, il faut remarquer que le signe *u* représente invariablement notre son *ou*; *y* sert à désigner le son de notre *u* ou celui de l'*u*, c'est-à-dire de l'*i grec*, comme on l'appelle.

Je me suis permis, pour la clarté, de distinguer le son du *v* consonne et de l'*u* voyelle et ceux de l'*i* consonne et voyelle, par des caractères particuliers aujourd'hui adoptés, mais dont la distinction n'a été faite que fort tard.

Le *c*, dans l'alphabet latin, représente uniquement le son du *k* grec; le *q* représente le même son, quelquefois légèrement mouillé ou aspiré. Le *ch* des Latins marque le son du χ grec.

e, *b*, se sont toujours prononcés *v* dans les temps anciens. *z* des Latins correspond au *ζ* des Grecs, et de même sa place est peut-être plutôt parmi les sifflantes que parmi les palatales.

Enfin, si j'ai laissé entièrement vide, dans les deux alphabets, la classe des linguales, c'est qu'il m'a semblé que pour les idiômes greco-latins cet ordre ferait un double emploi avec celui des dentales.

On sait que le son du *f* latin n'était point exactement semblable à celui du *φ* grec; *au* se prononçait en grec *af* ou *av*, et *au*, en latin se prononçait *aou*, comme font encore les Allemands.

Les langages des anciens peuples italiques, des Ombriens, des Osques, des Étrusques et des habitans primitifs de la grande Grèce, ont possédé des sons qui peut-être ne se retrouvent ni dans le latin ni dans le grec; mais les monumens écrits de tous ces peuples nous représentent l'alphabet pélasgique, et il n'existe à ma connaissance aucune inscription authentique de l'Italie ou de la Grèce qui n'y puisse être rapportée. Les prétendus caractères étrusques inexplicables qu'ont donné M. de Caylus et d'autres, étaient du grec mal lu; dès le temps de Winckelmann on avait déjà redressé ces bévues.

Alphabet celtique. Les témoignages formels de César, de Strabon, et de quelques autres auteurs, ne permettent point de douter que les habitans de la Gaule ne connussent l'écriture alphabétique; mais c'est à peu près là tout ce qu'on en peut dire. Aucun monument ne nous a conservé les caractères qu'ils employaient, et les anciens auteurs ne nous en donnent aucune connaissance. César nous parle de registres en caractères grecs trouvés par lui dans le camp des Helvétiens. Ailleurs, il ajoute que les Druides faisaient usage, pour les affaires ou pour les comptes publics et particuliers, des caractères grecs*. César écrivait en grec et connaissait les caractères grecs comme ceux des Latins : est-il probable qu'il ait été trompé par quelque ressemblance fortuite, quelque grande qu'on la suppose, entre les caractères celtiques et les caractères grecs? De son temps le grec s'écrivait en une forme cursive, menue, qui différait peu, quant à la manière d'écrire et à la grandeur des caractères, de nos écritures courantes d'à présent : les Gaulois avaient donc dès lors une écriture expéditive. Si cette écriture était la grecque, d'où la tenaient-ils? Est-ce la colonie des Phocéens de Marseille qui avait fait pénétrer la connaissance de l'alphabet grec dans toute l'étendue des Gaules et jusque dans l'Helvétie?

Les Bretons, qui dans leur patois mélangé ont conservé quelques mots de l'ancienne langue celtique; les Gallois, dont le langage a de grandes analogies avec celui de la Basse-Bretagne, n'ont conservé nul souvenir d'anciennes écritures nationales, et ils ont adopté celle des peuples qui les ont conquis.

Les Gaëls d'Écosse n'ont point non plus d'écriture alphabétique qui leur soit particulière : ils ont employé, dans le moyen âge, celle de leurs voisins, les Anglo-Saxons, et aujourd'hui ils ne se servent que de l'alphabet latin.

Il n'en est pas de même des Gaëls d'Irlande : ils prétendent avoir une écriture alphabétique qui leur est propre, et leurs antiquaires (Cf. Vallencey, *Collectan. de Rebus Hibernis*, nᵒ VII) appuient cette prétention sur quatre alphabets, dont trois ont été formés par eux, s'il faut les en croire, sur d'anciennes inscriptions trouvées en Irlande, et

* César (*de Bell. Gall.*) dit encore que les Druides gaulois apprenaient par cœur un grand nombre de vers, et qu'il était défendu de mettre ces vers par écrit. Pour expliquer cette défense, ne faut-il pas penser que les Druides auraient regardé l'écriture de ces vers comme pouvant en donner la connaissance aux profanes et les répandre jusque dans le peuple, et n'en faut-il pas conclure que l'usage de l'écriture était alors assez commun parmi les Gaulois?

dont le quatrième est resté en usage jusqu'à ces derniers temps.

Ils donnent à ces alphabets des noms formés de l'appellation des deux ou trois premières lettres qui les composent: ainsi l'un s'appelle *betluisnon*, ses trois premières lettres étant *beth* (b), *luis* (1) et *noin* (n); un autre *bobeloth*, du nom du *boibel* (b) et du *loth* (1), les deux premières lettres qu'il contienne; le troisième *abicetoria*, qui n'est guère qu'une altération de notre ancien mot populaire abécédé. Le quatrième alphabet irlandais s'appelle *ogham*; ce mot ne signifie autre chose qu'écriture.

Ces deux derniers alphabets, l'abicetoria et l'ogham, ne sont nullement d'invention irlandaise : l'abicetoria est tout simplement l'alphabet anglo-saxon, que nous avons vu déjà adopté en Écosse, et dont les Anglo-Saxons, qui s'en sont servis avant tout autre peuple, n'ont commencé de faire usage qu'au sixième siècle, au plus tôt : cet alphabet n'est d'ailleurs qu'une forme locale de l'alphabet latin, moins altérée encore que la forme dite celtique. Les oghmans sont une écriture secrète d'une époque reculée du moyen âge, mais inventée par les Germains et adoptée seulement, ou si l'on veut perfectionnée par les Irlandais. La preuve de ce fait est péremptoire : on prouve l'existence de cette écriture en Allemagne dès le dixième siècle par un manuscrit de cet âge qui en donne des exemples et qui se conserve à Saint-Gall; les Irlandais ne sauraient prouver qu'ils l'ont connue que quelques siècles plus tard.

Contre les deux autres alphabets, qui, je l'avoue, ne ressemblent complétement à aucun autre de tous ceux avec lesquels je les ai pu comparer, c'est un autre genre de critique qu'il convient d'exercer. Rien ne garantit leur existence ancienne, si ce n'est de prétendues inscriptions dont l'authenticité, ou tout au moins l'antiquité, doit sembler suspecte. De ces alphabets, le bobeloth semble une altération, fabriquée à plaisir, des formes barbares de l'alphabet latin au moyen âge, et on y a entremêlé quelques signes puisés visiblement dans les oghams et dans d'autres écritures connues tard en Irlande. Le bethluis nous offre le même genre de mélange, mais le fond en semble pris surtout dans trois ou quatre alphabets sémitiques : le samaritain, l'arabe, l'hébraïque moderne, qu'on paraîtrait s'être plu à mettre à contribution pour en former une des preuves de l'antique civilisation des Irlandais par les colonies phéniciennes.

Il faut cependant déclarer que si ce dernier fait est encore enveloppé de bien des nuages, il est néanmoins possible et repose sur quelques données historiques. Je ne nie point que les Phéniciens n'aient pu envoyer des colonies en Irlande; que ces colonies n'y aient pu porter l'écriture, laisser des inscriptions, donner quelques arts à des peuplades grossières : je me borne à dire que cela n'est pas suffisamment prouvé, et j'ajoute qu'eussions-nous quelques débris d'un alphabet phénico-hibernois, nous n'en serions pas moins privés à peu près de toute lumière sur les écritures des peuples gaëls ou celtes avant la conquête des Gaules par Jules César.

Des médailles, avec des légendes, retrouvées en Espagne, paraissent antérieures à l'arrivée des Romains dans cette contrée. Cependant ce n'est point pour cela une ancienne écriture nationale des habitans de la péninsule qu'elles nous présentent; ce sont des caractères appartenant évidemment à l'alphabet phénicien et l'alphabet runique. On sait que les Phéniciens et les Carthaginois avaient fort anciennement établi des colonies en Espagne; ils y avaient porté leurs arts, leur alphabet, et y avaient fabriqué des monnaies.

Il ne serait pas impossible que quelques uns des symboles que nous présentent les monnaies gauloises anciennes, fussent des caractères figuratifs, ou des caractères, soit alphabétiques, soit syllabiques, dérivés de l'écriture figurative, et conservant, comme on le voit en Chine, quelque trace de leur origine. Mais ce n'est qu'une conjecture hasardée. On n'a point la clef de ces symboles et de ces figures, et rien n'autorise à y voir autre chose que des marques de fantaisie, comme on en retrouve sur tant de monnaies. Les curieux pourront voir deux de ces symboles qu'à réunis le savant M. Mionnet (*Description de médailles antiques grecques et romaines. Supplément*, t. I, pl. VI). En reproduire ici quelques uns, ce serait sembler donner quelque poids à l'opinion qui voudrait faire de ces marques des caractères graphiques, opinion qui ne pourra être discutée que quand on l'appuiera de quelques preuves.

Alphabets tudesques. On peut croire que plusieurs peuplades d'entre les Germains connaissaient l'écriture alphabétique dès le temps de Tacite; mais il semble impossible de décider à leur égard comme à l'égard des Celtes, s'ils l'avaient inventée d'eux-mêmes, ou s'ils l'avaient reçue de leurs relations avec quelque autre peuple civilisé.

« On rapporte que de notre temps, dit Tacite, il existe encore, sur les confins de la Germanie et de la Rhétie, d'anciennes inscriptions tumulaires en lettres grecques. » Ce témoignage célèbre a donné à penser à quelques savans que les inscriptions dont parle Tacite n'étaient point en caractères grecs, mais en une écriture alphabétique propre aux Germains, connue sous le nom de runique : ils ont dit que cette écriture, dans ses formes anciennes, présente avec les anciens alphabets grecs des ressemblances frappantes, qui ont trompé et dû tromper les yeux des Romains; et un fait curieux, arrivé de nos jours, est venu donner quelque poids à leur opinion. Lorsqu'en 1687 les Vénitiens s'emparèrent d'Athènes, ils firent transporter à Venise divers monumens des arts retrouvés dans les ruines de cette ville illustre. Au nombre de ces monumens se trouvaient deux grands lions en marbre, d'un travail qui atteste les plus beaux temps de la sculpture antique; ils furent placés devant l'arsenal de Venise. Vers la fin du dix-huitième siècle, Ackerblad, examinant avec soin l'un de ces lions, découvrit sur son poitrail des caractères à demi effacés; la difficulté que présentait leur lecture redoubla sa curiosité; il les copia, les publia, et crut les reconnaître pour runiques. Depuis on les a lus et on en a expliqué quelques mots dans ce sens; mais d'autres savans ont soutenu qu'ils ne présentaient qu'une forme très ancienne des lettres grecques. Et ceux mêmes qui prétendent que ces caractères sont runiques sont forcés de reconnaître qu'ils ressemblent assez à des inscriptions grecques bien constatées pour qu'il soit possible d'en expliquer la plupart des lettres par ce moyen*. En tout cas, les auteurs qui voient dans cette inscription des caractères runiques ne la reconnaissent point pour ancienne, et pensent qu'elle a pu être tracée par quelque homme du Nord, voyageant en Grèce au douzième ou au treizième siècle.

Quoi qu'il en soit, on a eu tort de croire que ce fait pût donner quelque jour sur le passage de Tacite. Si cette inscription est runique, on convient qu'elle n'est pas ancienne; et si elle n'est pas ancienne, qu'y a-t-il de merveilleux à ce qu'elle ressemble à des caractères grecs, puisqu'il est bien reconnu que les Germains qui, depuis Ulphilas, ont fait des alphabets, avaient l'alphabet grec et l'alphabet latin pour type de leurs inventions.

D'autre part, si les inscriptions antiques mentionnées par Tacite n'étaient point en lettres grecques, il faut reconnaître au moins qu'elles y ressemblaient beaucoup. Or, cette ressemblance était-elle fortuite ? Ne nous révèle-t-elle pas un emprunt ou une imitation, dont les circonstances nous seraient dérobées par ce voile épais qui enveloppe

l'histoire de notre Europe occidentale, avant le siècle de Marius ou de César ?

Hâtons-nous de sortir de ces époques d'incertitude et de confusion, où les recherches les plus profondes ne font qu'accumuler les doutes et multiplier le nombre des questions insolubles.

Il est certain que lorsque les sciences et les arts des Romains commencèrent à pénétrer chez les Germains, par le mélange des deux peuples, vers les temps de la décadence de l'empire d'Occident, les premiers d'entre les Germains qui essayèrent d'écrire et de composer des ouvrages commencèrent par se former un alphabet sur ceux des Grecs et des Latins, en les modifiant plus ou moins pour en faire servir les caractères à la représentation des sons des idiomes tudesques. Ainsi fit Ulphilas, évêque goth de Darie et de Thrace, vers le milieu du quatrième siècle; ainsi firent plusieurs autres depuis. Et comme, une fois l'alphabet donné, il n'y a rien de plus facile que d'inventer et de fabriquer des alphabets, et que cette invention des formes diverses pour les lettres n'est plus qu'une puérilité vulgaire; comme, d'autre part, les alphabets grec et latin étaient loin de donner des signes pour la plupart des sons sifflans et des rauques aspirations des langues germaniques, les lettrés et les moines allemands des siècles qui suivirent celui d'Ulphilas se mirent à fabriquer à qui mieux mieux des alphabets, qui vont s'éloignant toujours davantage des formes simples des écritures grecque et latine, et se compliquant toujours davantage de traits bizarres qui en eussent rendu l'usage très difficile et très incommode, si jamais on eût essayé de s'en servir. Ce sont ces alphabets, désignés sous le nom de runiques, sans que personne sache au juste pourquoi on leur donne ce nom, qui remplissent tant de livres, écrits sans critique et sans véritable instruction, sur les antiquités septentrionales. On en pourrait rassembler, je crois, près de cinquante. Mais il est certain : 1° qu'aucun monument, sur lequel on en trouve l'usage, et qu'aucun auteur en ayant parlé et nous en ayant conservé quelques figures, ne remonte au-delà du neuvième siècle : le premier de ces auteurs est Straban, Maure; 2° qu'il n'y a point dans ces alphabets découverte ou invention de l'écriture alphabétique, mais fabrication de formes de lettres par des hommes qui connaissaient les alphabets des Grecs et des Latins; 3° que ceux de ces alphabets qui se distinguent le plus par leurs formes bizarres, n'ont jamais été en usage, et sont de purs amusemens de l'oisiveté monastique. Les auteurs qui ont à s'occuper de la paléographie des siècles barbares en peuvent donner l'explication; mais pour notre objet, ils sont sans intérêt comme sans valeur. Il faut cependant accorder une mention expresse à celui de ces alphabets qui est particulier aux Scandinaves, et connu sous le nom de runes danoises, suédoises ou islandaises. Ses formes sont simples; il se compose presque exclusivement de lignes droites, et n'admet que fort peu de courbes. Il a été en usage pendant plusieurs siècles dans le Danemark, la Norwège et l'Islande. Les peuples de ces contrées l'avaient formé sur l'alphabet latin de forme anglo-saxonne, dont j'ai déjà plusieurs fois parlé. Ils s'étaient contentés, en imitant l'alphabet anglo-saxon, de redresser les traits arrondis dans la plupart des lettres, et d'en simplifier quelques unes.

Depuis, la plupart des peuples de l'Allemagne ont adopté et s'en sont tenus à l'usage de l'alphabet latin, dans la forme gothique que lui avait donnée le mauvais goût du quatorzième ou du quinzième siècle : c'est là l'écriture allemande d'à présent, imprimée ou manuscrite. Les Suédois, les Danois et les Islandais ne se servent que de l'alphabet latin.

Je vais donner la classification systématique de l'alphabet allemand moderne : on en pourra rapprocher à volonté ceux de tous les peuples dont les langues sont des dialectes

---

* On peut voir cette inscription gravée dans le *Skandinav. Museum* de 1800; dans le *Mag. encyclop.*, neuvième année, t. V; dans les *Deutsche runen* de M. W. C. Grimm, tab. V.

germaniques, comme à l'alphabet latin donné ci-dessus se rapportent ceux des langues néo-latines.

VOYELLES SIMPLES.

a　e　i　o　u (*pron.* ou)

DIPHTHONGUES.

æ　ai　au　æu　ei　eu　œ　oi (*rare*)　ue

CONSONNES.

1. Gutturales. . . . . . .　k　g　ch (*pron.* χ)
2. Palatales. . . . . . .　h　sch　v (*pron.* φ)
3. Linguales . . . . . .　»　»　»
4. Dentales. . . . . . .　d　t　»
5. Labiales . . . .　b　p　f　w
6. Semi-vocales. . . . .　r　l　m　n　w　j
7. Sifflantes. . . . . . .　s　z

Nos lettres *c*, *q*, *x*, *y* n'appartiennent point à l'alphabet allemand, et n'entrent guère que dans l'orthographe de noms étrangers.

Alphabets slaves. — Tous les alphabets connus, servant à l'écriture des divers dialectes de la langue slave, ont la même origine que les runes germaniques des bas siècles; ils ont comme elles été formés à l'imitation de l'alphabet grec, et l'époque de l'invention des plus anciens est plus récente encore.

Nous mentionnerons ici l'alphabet cyrillique, ainsi nommé du nom de son inventeur, Cyrille le philosophe, qui, voulant traduire les Evangiles dans la langue des Slaves, de Bulgarie et de Moravie au neuvième siècle, se composa un alphabet pour marquer les sons particuliers à cet idiôme. Cyrille était savant : il avait étudié à Constantinople; il forma son alphabet avec des lettres grecques, qu'il entremêla, pour les sons étrangers au grec, de caractères qu'il prit dans les alphabets arménien et copte. Ces deux alphabets procédaient eux-mêmes du grec; ainsi celui de Cyrille n'offre aucune particularité digne d'être notée.

Au commencement du treizième siècle, un Dalmate inconnu composa un nouvel alphabet, dont on s'est servi depuis dans quelques manuscrits qui nous restent. Cet alphabet est plus éloigné du grec que celui de Cyrille; cependant il n'est pas difficile d'y reconnaître encore une imitation, ornée par le mauvais goût, des formes majuscules des lettres grecques. Cet alphabet dalmate est connu sous le nom de glagolitique (*glagolie*, nom du *g*) ou hiéronimique, parce qu'une fable, imaginée pour lui donner crédit, en attribuait l'invention à saint Jérôme. Ces deux alphabets sont aujourd'hui tombés en désuétude.

Les Bohêmes, les Polonais, la plupart des autres peuples slaves moins considérables, ont adopté dès long-temps l'alphabet latin, et n'en emploient point d'autre; ils l'ont approprié aux sons de leurs langues, au moyen de quelques modifications, de quelques additions.

Les Russes ont un alphabet particulier; c'est celui de Cyrille, modifié et simplifié en quelques unes de ses formes. Il n'a remplacé dans l'usage l'alphabet cyrillique de forme primitive que vers le temps de Pierre-le-Grand.

L'alphabet des Serviens est aussi une dérivation de l'alphabet cyrillique; ses formes ne diffèrent presqu'en rien de celles de l'alphabet russe. Comme il est d'ailleurs l'un des plus complets des langues slaves, nous le choisissons pour mettre sous les yeux des lecteurs un tableau d'après la méthode sanskrite, qui pourra leur donner une idée de la richesse de ces langues en plusieurs ordres de sons.

ALPHABET SERVIEN TRADUIT EN CARACTÈRES LATINS

ET RANGÉ SELON LA CLASSIFICATION SANSKRITE.

VOYELLES SIMPLES.

a　e　i　o　u (ou)

CONSONNES.

1. Gutturales. . . . . .　k　g　ch (*pron.* χ)
2. Palatales. . . . . . .　th　x
3. Linguales . . . . . .　dj　gj　lj　nj
4. Dentales. . . . . . .　d　t g (*la*　ge *ital. devant* e *ou* i)
5. Labiales . . . .　b　p　f
6. Semi-vocales. . . . .　r　l　m　n　v　j
7. Sifflantes. . . . . . .　s　z　c (*ital. et all.* z)　sc (*fr.* ch.)
　　　　　　　　　　　　cs (*ital.* c)

Plusieurs de ces caractères représentent des sons que nous ne retrouvons point dans nos langues occidentales : tels sont *th*, *x*, palatals; *dj, gj, lj, nj*, linguals. Ces derniers sont une sorte d'articulation mouillée et aspirée en même temps.

Enfin, une trente-unième lettre de l'alphabet servien est le **b**, qui joue dans la langue un rôle tout-à-fait analogue à celui que nous avons donné à l'*h*. Il sert à affermir la voyelle qu'il précède, et lorsque deux voyelles se suivant ne forment point diphthongue et n'appartiennent point à la même syllabe, on met le **b** entre elles pour indiquer cette séparation.

Les Hongrois, et les autres peuples dont les idiômes appartiennent à la famille des langues finnoises, se sont approprié l'alphabet latin au moyen de quelques modifications. Quelques auteurs, écrivant sur les antiquités hongroises, nous ont donné de prétendus alphabets hunniques, et ont cherché à faire honneur aux Hongrois de l'invention de ces alphabets. Ces auteurs ont eu doublement tort : 1° parce que les alphabets dont ils arguent sont de ceux qu'on connaît sous le nom de runes allemandes, et dont nous avons assez parlé; 2° parce que ces alphabets, fussent-ils des Huns, ce qui n'est point, ils n'auraient pas pour cela le moindre rapport avec les Hongrois, peuple totalement étranger à la race hunnique.

FIN.

BIBLIOTHEQUE ROYALE
I